Barbara Cratzius *Uns gefällt die Sommerzeit*

Uns gefällt

Neue Texte
als Sommervergnügen
im Kinderalltag

Barbara Cratzius

die Sommerzeit

Mit Liedkompositionen von Ludger Edelkötter
und vielen Illustrationen
von Gertrud Schrör

Herder Freiburg · Basel · Wien

Die Jahreszeiten erleben und gestalten mit

Barbara Cratzius

Igel, Frosch und Fledermaus
(Best.-Nr. 22550)

Monatsreihe:

Ein ganzes Jahr – und noch viel mehr
Band 1: September – Februar
(Best.-Nr. 21996)
Band 2: März – August
(Best.-Nr. 21997)

Jahreszeitenreihe:

Frühling im Kindergarten
(Best.-Nr. 21261)

Sommer im Kindergarten
(Best.-Nr. 21262)

Herbst im Kindergarten
(Best.-Nr. 21263)

Winter im Kindergarten
(Best.-Nr. 21264)

Neue Jahreszeitenreihe:

Uns gefällt die Frühlingszeit
(Best.-Nr. 3-451-22552-2)

Uns gefällt die Sommerzeit
(Best.-Nr. 3-451-22553-0)

Uns gefällt die Herbstzeit
(Best.-Nr. 3-451-22554-9)

Uns gefällt die Winterzeit
(Best.-Nr. 3-451-22555-7) in Vorbereitung

Uns gefällt die Weihnachtszeit
(Best.-Nr. 3-451-22551)

Jeder Band 128 Seiten

Alle Lieder dieses Buches sind von Ludger Edelkötter vertont und auf Musikcassette und CD „Uns gefällt die Sommerzeit“ produziert. Erschienen sind sie im IMPULSE Musikverlag Ludger Edelkötter, Natorp 21, 48317 Drensteinfurt, Tel.: 02508/673 u. 1027, Fax: 02508/9388 Bestellnummer MC IMP 1058.3, Preis DM 19,80, CD IMP 1058.7, Preis DM 19,80 zu bestellen über jede Buchhandlung oder direkt beim Verlag.
Weitere Autoren, deren Bastel- und Rezeptvorschläge in dieses Buch aufgenommen wurden: S. Bock/Chr. Ebert, A. Engleder, I. Leiter/A. Tappeiner, I. Madl, A. von Rohden, H. Schauer, U. Weber

Gedruckt auf umweltfreundlichem, chlorfrei gebleichtem Papier

3. Auflage

Einbandfoto: © Bavaria, I. Clarke
Fotos im Innenteil: Junker-Rösch, Berlin

Notensatz: Nikolaus Veeser, Freiburg
Herstellung: Freiburger Graphische Betriebe 1998
ISBN 3-451-22553-0

Inhalt

Vorwort 8

Kapitel 1:
Uns gefällt die Sommerzeit 12

Kapitel 2:
Ferien. 28

Kapitel 3:
Wir feiern „zauberische“,
fröhliche Sommerfeste 44

Kapitel 4:
Wer saust denn da die Straße lang . 70

Kapitel 5:
Wir haben nur *eine* Welt! 90

Kapitel 6:
Laßt uns Gottes Schöpfung
preisen und bewahren! 114

Unter den obigen Kapitelüberschriften finden Sie auf den angegebenen Seiten viele Texte und Gestaltungsvorschläge in der Reihenfolge des Buches.

Das nachfolgende Inhaltsverzeichnis will Ihnen durch die Ordnung nach Stichworten die Suche nach bestimmten Texten und Gestaltungsvorschlägen erleichtern.

ABZÄHLVERSE

Abzählreime für alle Gelegenheiten 27
Hexischer Abzählvers. 52

BASTELVORSCHLÄGE
(Herstellen verschiedener Dinge)

Schatzkästlein als Erinnerung
an schöne Sommertage 18
Bunte Sommerdecke
als Gemeinschaftsarbeit 19
Schillernde Seifenblasen 21

„Heiße“ Bastelideen für den Sommer (Alle meine Hände schwimmen in der See – Weiße Sommerschwäne – Gib mir deine Bärenhand – Sommerlicher Geburtstagskalender ... 24
Teddy auf langer Autofahrt ... 35
Reisewünsche auf Papier (Unser „Traumschiff“ sticht in See – Eine Seefahrt, die ist lustig) ... 37
Neue Ferienbasteleien (Die Bären Bruno und Barbara machen Badeferien auf Barbados – Ein bunter Sommerteich für die Ferien) ... 42
Hexenbastelei (Lustiger Hexentanz) ... 52
Gespenster noch und noch (Lustige Nachtgespenster – Eulengespenster für das Fenster – Gespenster am Bügel) ... 54
Dinos – Dinos – Dinos (Dino-Bronto Blättervielfraß – Lustige Dinomaske) ... 68
Papierblumen ... 122
Blumen unter der Sommersonne (Fröhliche Sommersonne – Sonne und Regen) ... 127

BEWEGUNGSSPIELE
siehe auch SPIELLIEDER

Das kleine Nachtgespenst ... 56
Gespensterspiel ... 57
Zauberspaß ... 61
Das hungrige Dinokind ... 63
Ist der große Dino da? ... 63
Bewegungsspiele im Dinoland (Rettet euch – die Flut kommt gleich! – Nachtwanderung) ... 66

BILDHAFTES GESTALTEN

Ein Sommerbrief ... 11
Malspiel im Sommer ... 19
Reisewünsche ... 36
Paß auf im Straßenverkehr! ... 73
„Vergoldeter“ Müll ... 101

ERZÄHLUNGEN -- GESCHICHTEN

Ferien auf dem Bauernhof ... 31
Tolle Ferien ... 32
Die Hexe Flixi-Flaxi und der Kirchturmhahn ... 50
Verdufte, böses Monster, aber schnell! ... 58
Wenn ein Dinokind Geburtstag hat ... 64
Nun kann ich nicht ins Schwimmbad gehen! ... 82
Der geteilte Schokoladenpudding oder: Paß auf im Verkehr ... 86
Müllverwertung im Kindergarten ... 100
Neues Leben am alten Teich ... 104
Ein Baum wird gefällt ... 108
Wir pflanzen einen Baum ... 110
Igitt – ein Regenwurm ... 112

FESTE

Wir feiern „zauberische“ Sommerfeste ... 46

FINGERSPIELE

Fingerspiel für fröhliche Ferientage ... 35
Fingerspiel von den fünf Gespenstern ... 62
Fingerspiel vom Verkehr ... 76

GEDICHTE

Im Sommer ... 10
Sommerlied ... 10
Sommerwege ... 11
Der Riesendrachen oder: Wenn das Dinokind Angst hat ... 62
Vorsicht, kleines Mäusekind ... 75
Big und Jumbo im Verkehr ... 88

HÖRSPIEL

Der kleine Eisverkäufer ... 38

KASPERSPIEL

Kasper und die Umweltsünder ... 94

LIEDER
siehe auch SPIELLIEDER

Sommer-Zauberlied: Kennt ihr den? 14
Reisewünsche 36
Dinolied 67
Das Lied der Dinokinder 69
Paß auf im Straßenverkehr 73
Ampelsong 78
Soviel schöner Sperrmüll 102
Morgenlied 118
Eine gold'ne Straße 124
Blumenlied zum Schöpfungsmärchen 125
Ich sitze an der Quelle 126

MÄRCHEN

Wie die Blumen wieder auf die Erde kamen .. 120

NATURBEOBACHTUNG

Müllverwertung im Kindergarten 100
Neues Leben am alten Teich 104
Ein Baum wird gefällt 108
Wir pflanzen einen Baum 110
Igitt – ein Regenwurm 112

RÄTSEL

Die bunten Augen 77

REIME – WORTERGÄNZUNGEN

Sommerlied – Kannst du reimen? 17
Peter und das „unendliche Gedicht" –
Kannst du reimen? 38
Wenn es spukt in der Nacht –
Kannst du reimen? 60
Froschträume am trüben Tümpel –
Kannst du reimen? 106

REZEPTE

Rezepte für heiße Sommertage
(Sommerliche Quarkcreme –
Sommerliche Joghurtcreme –
Schnelle Sommertorte) 17

SCHÖPFUNG

Laßt uns Gottes Schöpfung preisen
und bewahren 116

SINGSPIEL

Fliegende Gespenster 53

SPIEL

Vorsicht im Straßenverkehr 80

SPIELLIEDER

Sommerspaß 16
Seifenblasenlied 20
Wir sind zwei Musikanten
und komm'n aus Schwabenland 22
Komm mit ins Land der Phantasie 34
Begrüßungsverse 48
Im Kindergarten ist was los 48
Das Spiellied von den Schloßgespenstern
und den Waldhexen 49
Das kleine Nachtgespenst 56
Kommt, wir spielen Eisenbahn 84
Wachse, kleiner Baum 107
Das bunte Blumenfest 123

STRASSENVERKEHR

Verkehrserziehung für klein und groß 72

UMWELT

Umwelterziehung in Kindergarten
und Schule 92

Vorwort

Tra-ri-ra, der Sommer, der ist da!
Wir wollen in den Garten
und woll'n des Sommers warten.
Tra-ri-ra, der Sommer, der ist da!

Mit unseren Kindern haben wir sicher oft an hellen, heiteren Sommertagen dieses Sommerlied gesungen.
Viele schöne Augenblicke, viele fröhliche warme Sommerstunden im Sandkasten, auf der Wiese, am Wasser, unter den tiefhängenden Ästen der Kirschen und Frühäpfel – das erleben wir jedes Jahr wieder mit unseren Kindern in den warmen Monaten des Sommers voller Helle und Heiterkeit. Der Sommer lädt unsere Kinder ein zum Toben und Spielen, zum Planschen und Baden, zu Spaziergängen und Wanderungen durch die sommerlich heißen Straßen in nahegelegene Parks oder Wälder.
Neben fröhlichen Sommergeschichten, Gedichten, Fingerspielen und Liedern gebe ich in diesem Buch auch Hinweise und Spielimpulse, wie wir uns im immer gefährlicher werdenden Straßenverkehr richtig verhalten. Viele neue Ideen für kreative Sommerfeste können aufgegriffen und weitergestaltet werden.
Für die Themen Naturschutz – Umweltschutz – Dank für die Schöpfung biete ich viele neue Impulse.
Wenn es in unseren Gärten grünt und blüht und die Sonnenblumen ihre schweren Körnerkörber der Sonne zuwenden, wenn das Korn auf den Feldern reift, dann erleben wir beglückt jedes Jahr wieder die ganze Fülle dieser schönen Jahreszeit.

Geh aus mein Herz und suche Freud'
in dieser lieben Sommerzeit
an deines Gottes Gaben.

So singt Paul Gerhardt und preist die reiche Zier in den Gärten und Wäldern, auf den Bergen und Feldern. „Wie gut, daß es die einfachen Dinge noch immer gibt, immer noch Felder und rauschende Bäume und den Mond am Himmel", schreibt Karl Waggerl.
Wenn wir mit unseren Kindergruppen bei den Vorbereitungen für die Sommerfeste nach einem langen, anstrengenden Jahr im Kindergarten, im Kinderhort, in den Schulen beschäftigt sind, dann fällt es uns schwer, in den Lobpreis eines Paul Gerhardt oder Karl Waggerl über die sommerlichen Freuden miteinzustimmen. – Wie oft fühlen wir uns ausgepumpt durch die tägliche Hektik und die pausenlose Betriebsamkeit, die unseren Alltag belasten. Und wie wenig können wir in Gelassenheit einem Sommergesang lauschen, der im AT bei Sirach 43 steht. „Wie herrlich ist der Himmel anzuschaun. ... Die Sonne verkündet's bei ihrem Aufgang. Wie bewundernswert ist dieses Gestirn, das Gott, der Höchste, geschaffen hat. Die Sonne brennt ... heiß auf die Berge, ihr feuriger Atem weht über die Erde, ihre flammenden Strahlen blenden das Auge. Wie groß ist der Herr! Er hat sie gemacht,

auf seinen Befehl durcheilt sie ihre Bahn."
Vielleicht tut es uns gerade im Sommer, wenn uns die Kinderfeste und Abschiedsfeiern in den Kindergruppen so ganz gefangen nehmen, gut, mitten in aller Betriebsamkeit einmal inne zu halten und tief durchzuatmen.
Mir fiel ein Brief von Bernhard von Clairvaux in die Hände, der vor über 800 Jahren geschrieben wurde. Er zeigt, daß auch damals schon die Menschen belastet waren von vielen geschäftigen Betriebsamkeiten – auch ohne Telefon und Fernsehen. Der Tenor dieses Briefes ist: „Wer mit sich selbst schlecht umgeht, wem kann er gut sein", und: „Gönne dich dir selbst!" – Er zitiert einen Text aus dem AT, Sirach 38,25: „Wer seine Tätigkeit einschränkt, der erlangt Weisheit." Er schreibt weiter: „Wenn also alle Menschen ein Recht auf dich haben, dann sei auch du selbst ein Mensch, der ein Recht auf sich selbst hat. Wie lange noch schenkst du allen anderen deine Aufmerksamkeit, nur nicht dir selber? Bist du dir etwa selbst ein Fremder? ... Sei wie für die anderen auch für dich selbst da, oder jedenfalls sei es nach allen anderen."

Solche Gedanken sollen uns gerade in den heißen, arbeitsreichen Sommerwochen bestärken: Einmal inne halten, sich an einem Sommertag hinein ins hohe Sommergras werfen, die Rispen des Zittergrases zittern sehen, die Grillen zirpen hören, am Bach sitzen und dem Spiel der Wellen zuschauen, sich mit den Augen an einem hohen blauen Sommerhimmel mit den ziehenden Wolkenbergen verlieren ... und wieder Kraft sammeln für all die kleinen und großen Kinder, die uns anvertraut sind.
Die Verse von Joachim Ringelnatz können uns begleiten:

Zupf dir ein Wölkchen
 aus dem Wolkenweiß,
das durch den sonnigen Himmel
 schreitet.
Und schmücke den Hut,
 der dich begleitet,
mit einem grünen Reis.

Verstecke dich faul in der Fülle
 der Gräser.
Weil's wohltut, weil's frommt.
Und bist du ein Mundharmonikabläser
und hast eine bei dir, dann spiel,
 was dir kommt.

Und laß deine Melodie lenken
von dem freigegebenen Wolkengezupf.
Vergiß dich! Es soll dein Denken
nicht weiterreichen
 als ein Grashüpferhüpf.

Aus „Ringelnatz in kleiner Auswahl als Taschenbuch". Henssel Verlag, Berlin 1978.

Mit meinen eigenen Worten möchte ich die Geschenke des Sommers und der Sonne noch beschreiben:

Im Sommer

Heute hab' ich den Sommer getroffen.
Mit den hellblauen Sternen der Wegwarte
hat er auf mich gewartet
drüben am Feldrain.
Kamillenduft schickt er über die Felder
und ruft den Rebhühnern und Mäusen zu:
Versteckt euch im hohen Korn!
Das schwenkt er hin und her
im warmen Sommerwind.
Die Lerchen steigen mit ihren jubelnden Liedern
immer höher
ins Blau hinein.

Sommerlied

Weiße Wolken über mir
lösen sich im weiten Blau.
Über Felsen springt der Bach
durch die grüne Sommerau.

Von den hohen Felsenklippen
schäumt und stürzt der Wasserfall,
braust in glänzenden Kaskaden
unaufhörlich in das Tal.

In der Sommersonne glitzern
Schaum und Wellen, Stein um Stein.
Und des Wasserfalles Rauschen
singt sich in mein Herz hinein.

Den folgenden Sommerbrief können wir mit den Kindergruppen erleben und aufmalen:

Ein Sommerbrief

Den Sommer mal' ich mir geschwind
mit Sonne und Segeln und warmen Wind!
Blau nehm' ich für den weiten Himmel
und Weiß für die jagenden Wolkenschimmel!
Ein Strichlein hier – ein Strichlein dort,
es flitzen die Schwalben, schon sind sie fort!
Und Weiß und Schwarz – da klappert's – horch!
Es zieht seine Kreise Herr Langbein, der Storch!
Dann nehm' ich Hellblau für das weite Meer,
da tanzen die Segel – bunte – schau her!
Und weiß und gelb der lange Strand,
ich spür' den weichen warmen Sand.
Dann bau' ich 'ne Sandburg mit Türmen und Tor
und einem breiten Graben davor.
Da schreit eine Möwe und wirft mir zum Gruß
eine weiße Feder vor meinen Fuß.
Ich hab's gemalt und nicht aufgeschrieben,
könnt ihr alles lesen, meine Lieben?
Dann malt mir einen Brief zurück
von einem schönen Augenblick
voll Sommerglück!

Sommerwege

Schatten spenden Zweige,
Wolkenzug mich führt.
Rispen, Halm und Blätter
hab' ich sanft gespürt.

Sprudelt mir die Quelle,
die vom Gipfel schießt,
schäumend über Steine,
in die Tiefe fließt.

Und es reift am Berge
schon der schwere Wein,
gießt die Sommersonne
ihre Kraft hinein.

Amselruf am Abend
hat mein Herz berührt,
auf den Sommerwegen
Gottes Hand mich führt.

Wachsen, Blühen, Reifen,
meinen Weg umgibt.
Und mit allen Wesen
fühl' ich mich geliebt.

Kapitel 1: Uns gefällt die Sommerzeit

Von Sand und Sonne, Wasser und Schwänen, von Tanzen und Singen und fröhlicher Kinderzeit

14 Sommer-Zauberlied: Kennt ihr den? LIED
16 Sommerspaß SPIELLIED
17 Sommerlied REIM
17 Rezepte für heiße Sommertage REZEPTE
Sommerliche Quarkcreme
Sommerliche Joghurtcreme
Schnelle Sommertorte
18 Schatzkästlein als Erinnerung an schöne Sommertage BASTELVORSCHLAG
19 Bunte Sommerdecke als Gemeinschaftsarbeit BASTELVORSCHLAG
19 Malspiel im Sommer BILDHAFTES GESTALTEN
20 Seifenblasenlied SPIELLIED
21 Schillernde Seifenblasen BASTELVORSCHLAG
22 Wir sind zwei Musikanten und komm'n aus Schwabenland SPIELLIED
24 „Heiße" Bastelideen für den Sommer BASTELVORSCHLÄGE
Alle meine Hände schwimmen in der See
Weiße Sommerschwäne
Gib mir deine Bärenhand!
Sommerlicher Geburtstagskalender
27 Abzählreime für alle Gelegenheiten ABZÄHLREIME

Sommer-Zauberlied: Kennt ihr den?

Text: Barbara Cratzius
Musik: Ludger Edelkötter

Die Regenwolken sperrt er ein
und läßt die Sonne strahlen,
kann Kringel, glänzend, silberhell
aufs blaue Wasser malen,
aufs blaue Wasser malen.

Den Duft nach Klee und frischem Heu
läßt übers Land er wehen,
und freut sich, wenn die Lerchen – schau –
hoch überm Kornfeld stehen,
hoch überm Kornfeld stehen.

Er macht die dicken Kirschen rot,
steckt auf Kastanienlichter,
und malt dem Mohn im hohen Korn
ganz brennende Gesichter,
ganz brennende Gesichter.

Und all den Menschen ruft er zu:
„Packt eure Siebensachen!
Ihr sollt euch nach der dunklen Zeit
auf in die Ferne machen,
auf in die Ferne machen!“

Ans Meer lockt er die Kinder hin:
„Holt eure Gummiflossen!
Kommt schneller als der lange Aal
durchs Wasser hergeschossen,
durchs Wasser hergeschossen“

Und einen Hafen könnt ihr baun,
auch tief im Sande wühlen
und mit dem bunten Segelschiff
im Wasserbecken spielen,
im Wasserbecken spielen.“

O weh – der kecke Zaub’rer muß,
so bald uns schon verlassen.
Da kommt ein stürmischer Gesell,
der heult durch alle Gassen,
der heult durch alle Gassen.

Ein Frühlings-Zauberlied
ist auf die gleiche Melodie in:
Uns gefällt die Frühlingszeit,
Seite 14 u. 15.

Sommerspaß

Nach der Melodie: Ich fahr', ich fahr', ich fahr' mit der Post.

Ich spiel', ich spiel', ich spiel' gern am Strand.
Komm, grab im Sand mit mir,
ich geb' die Schaufel dir!
Ich spiel', ich spiel', ich spiel' gern am Strand.

Ich spiel', ich spiel' ...
Komm, bau ein Schloß mit mir
mit einer Muscheltür!
Ich spiel', ich spiel' ...

Ich spiel', ich spiel' ...
Komm, hol dein Schiff schnell her,
fahren wir übers Meer!
Ich spiel', ich spiel' ...

Ich spiel', ich spiel' ...
Grabt tief den Hafen aus,
Timo und Kay und Klaus!
Ich spiel', ich spiel' ...

Ich spiel', ich spiel' ...
Matschen wir pitsche-patsch,
buddeln wir tief im Matsch!
Ich spiel', ich spiel' ...

Ich spiel', ich spiel' ...
Wimpel im Sommerwind,
freut sich ein jedes Kind!
Ich spiel', ich spiel' ...

Ich spiel', ich spiel' ...
Guckt schon der Mond heraus,
heut gehn wir spät nach Haus!
Ich spiel', ich spiel' ...

Dieses fröhliche Spiellied können wir nicht nur am weiten Sandstrand am Meer, sondern auch zu Hause oder im Kindergarten singen und spielen, wenn die Kinder im Sandkasten buddeln. – Sand – Sand – ist für jedes Kind ein beglückendes Element, das immer wieder zu neuen Spielmöglichkeiten und Entdeckungen einlädt.

Sommerlied – kannst du reimen?

Weißt du, was der Sommer macht?
Läßt die Ähren reifen.
Wenn die Sonne nieder-... lacht
zwischen Wolken-... streifen.

Weißt du, was der Sommer macht?
Ferienzeit und... Hitze.
Schwalben, Zecken, Mückenstich,
Donner und auch... Blitze.

Weißt du, was der Sommer macht?
Lockt dich an das Wasser!
Zeigt dir Fische, Enten,... Schwan,
plumps, gleich bist du... nasser!

Weißt du, was der Sommer macht?
Klaren Mond mit Sternen.
Glühwürmchen in warmer... Nacht
schwenken die... Laternen.

Lieber Sommer, geh nicht fort!
Schenk uns noch mehr Sonne!
Und ich springe –statt ins... Wasser –
in die Regen-... tonne.

Hei – dann spritz' ich ganz wild los!
Schau mal – nicht gelogen!
Mit den Händen zaub're... ich
einen Regen-... bogen.

Rezepte für heiße Sommertage

Sommerliche Quarkcreme

250 g Quark, etwas Bourbonvanille, 300 g Erdbeeren, 3 Eßl. Honig, etwas Zitronensaft, 3 Eßl. Schlagrahm.

Wir rühren den Quark schaumig und vermischen ihn mit der Vanille. Dann pürieren wir die Erdbeeren mit Honig und Zitronensaft im Mixer und ziehen sie unter den Quark. Mit Schlagrahm verzieren und kühlstellen.

Sommerliche Joghurtcreme

1 Pfd. Beeren (Johannesbeeren, Erdbeeren, Blaubeeren, Himbeeren), 6 Eßl. Fruchtzucker oder Honig, 1 bis 2 Eßl. Zitronensaft, 2 Becher Joghurt, 1/4 l Rahm.

Die gesäuberten Beeren werden mit Fruchtzucker/Honig vermischt und auf Glasschüsseln verteilt. Dann wird der Joghurt leicht gesüßt, mit dem steifgeschlagenen Rahm vermischt und auf die Früchte gegeben.

Schnelle Sommertorte

Ein Bisquitboden (fertig gekauft), 1/2 l Milch, 1 Vanillepuddingpulver, Fruchtzucker nach Geschmack, 1 bis 1 1/2 Pfd. frische Erdbeeren, 1/4 l Schlagrahm, 1 Sahnesteif.

Den Vanillepudding nach Vorschrift kochen, etwas Sahnesteif auf den Boden geben, damit er nicht durchnäßt; Vanillepudding darüberstreichen. Erdbeeren waschen, halbieren und dicht an dicht auf die Torte setzen. Schlagsahne schlagen und die Torte damit verzieren.

Schatzkästlein als Erinnerung an schöne Sommertage

Ihr braucht: Kleine Kästchen aus Pappe oder Holz, Klebe, viele gesammelte Schätze wie: ein altes Vogelnest, vielleicht mit unausgebrüteten Eiern, getrocknete Sommerblumen, Vogelfedern, schön geformte Steine und Muscheln, Kienzapfen, Rindenstücke, Moosgeflecht, plattgedrückte Pfennigstücke, auch hübsche Ferienfotos
Ihr könnt eure Schätze aufheben oder auch lose in die Kästchen legen, so daß ihr sie immer mal wieder neu anordnen könnt.

Bunte Sommerdecke als Gemeinschaftsarbeit

Ihr braucht: Für jedes Kind ein Stück weißen vorgewaschenen Nessel (etwa 30 x 30 cm), blaue, gelbe und rote Fingerfarben.

Nun verziert ihr euer Bild mit sommerlichen Motiven, zum Beispiel einer gelben Sonnenblume, einem blauen Vogel, einem gelben Seestern, bunten Fischen, bunten Bällen usw. Das Motiv muß aber ringsum einige cm kleiner sein als das Stoffquadrat. Nun werden die farbigen Quadrate hübsch angeordnet und zu einer Sommerdecke zusammengesteckt.

Malspiel im Sommer

Jetzt malst du einen langen Strich,
da ist das Meer zu Ende.
Der Strich, das ist der Horizont,
das hast du ganz allein gekonnt!
Und jetzt malst du ganz schnelle
eine schöne lange Welle.
Und noch eine und zwei und drei,
die tanzen flink vorbei.
Nun kommen die vielen Fischlein dran,
was unsere/unser (Namen einsetzen) alles kann!

Jetzt fährt ein Schiff übers Wasser geschwind,
die Segel flattern im Sommerwind.
Den Wind hören wir sausen,
die Wellen hören wir brausen,
und die Möwen hören wir schrein,
die malen wir auch noch hinein.
Und was steht da am Himmel so hell?
Die Sonne, die Sonne, die malen wir schnell!
Das Bild vom Wasser, von Sonne und Wind,
das hängen wir jetzt an die Wand geschwind!
Oh – das ist schön geworden!

Seifenblasenlied

Text: Barbara Cratzius
Musik: Ludger Edelkötter

Heute pust' ich Seifenblasen,
langsam, nein, ihr sollt nicht rasen!
Nicht so wild, du böser Wind!
Blase sanft, nicht so geschwind!
Schau doch! Schau doch!
Heute pust' ich Seifenblasen.

Soviel bunte Seifenblasen
schweben heut über den Rasen.
Glänzt und schillert, tanzt so schön,
ach, ihr sollt noch nicht vergehn!
Schau doch! Schau doch!
Soviel bunte Seifenblasen.

Seht ihr meine Seifenblasen,
wie sie tanzen übern Rasen.
Eine steigt mit einem Satz,
oh – da ist sie schon zerplatzt!
Schau doch! Schau doch!
Oh – da ist sie schon zerplatzt!

Seht die große – und die andern,
wie sie schweben, fliegen, wandern,
wie sie glänzen, leuchten schön,
ach – warum müßt ihr vergehn!
Schade! Schade,
um die bunten Seifenblasen!

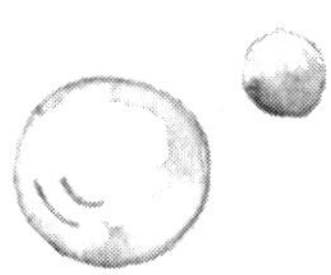

Spielidee: Mit diesem Lied kann man ein fröhliches Seifenblasen begleiten. Beim Sommerfest (siehe dazu Kap. 3) kann sich daraus ein „Riesenseifenblasen" unter Beteiligung der eingeladenen Gäste entwickeln.

Schillernde Seifenblasen

Wir brauchen: 2 l warmes Wasser, 8 Eßlöffel grüne Seife, 8 Eßlöffel Glycerin.

Wir formen aus Blumendraht einen großen Ring mit einem Griff. Wir umwickeln den Ring mit Wolle. Daran bleibt die Seifenblase haften, und wir zaubern durch Bewegen des Armes „Riesenblasen".

Wir sind zwei Musikanten und komm'n aus Schwabenland

Spiellied nach einer alten Kindermelodie. In drei Teilschritten (A, B, C) gehen die Kinder im Kreis herum, wobei bei jedem Strophenanfang A zwei Tierkinder angefaßt in der Gegenrichtung laufen. Bei B bleiben alle Kinder stehen, die Tierkinder suchen sich zwei Kinder aus. Diese vier Kinder führen die entsprechenden Spielbewegungen aus. Bei C hüpfen die vier Kinder jeweils zu Paaren angefaßt, im Kreis herum, die anderen Kinder klatschen dazu.
Die beiden Tierkinder, die in den Kreis geholt wurden, dürfen zwei neue Tierkinder bestimmen. Die vier Tanzkinder reihen sich wieder in den Kreis ein.

Die Kinder werden sich noch viel mehr Tierstrophen dazu ausdenken: Katzenkinder, Hundekinder, Hamsterkinder ...

A: Wir sind zwei Bärenkinder und komm'n vom Walde her.
Wir sind zwei Bärenkinder und komm'n vom Walde her.
B: Wir können brummen, bri-bra-brummen,
wir können brummen, bri-bra-brummen.
C: Wir tanzen rundrum, hoppsassa, hoppsassa, hoppsassa,
wir tanzen rundrum, hoppsassa, hoppsassa.

A: Wir sind zwei Storchenkinder und komm'n vom Teiche her.
Wir ...
B: Wir können klappern, kli-kla-klappern,
wir können klappern, ...
C: Wir tanzen rundrum, hoppsassa ...
...

A: Wir sind zwei Fröschekinder und komm'n vom Bache her.
...
B: Wir können quaken, qui-qua-quaken,
...
C: Wir tanzen rundrum, hoppsassa ...
...

A: Wir sind zwei Geißenkinder und komm'n vom Stalle her.
...
B: Wir können meckern, mi-ma-meckern,
...
C: Wir tanzen ...
...

A: Wir sind zwei Affenkinder und komm'n vom Zoo her.
...
B: Wir können klettern, kli-kla-klettern,
...
C: Wir tanzen ...
...

A: Wir sind zwei Löwenkinder und komm'n aus Afrika.
…
B: Wir können fauchen, fi-fa-fauchen,
– schleichen,
– kratzen,
– springen, …
C: Wir tanzen …
…

A: Wir sind zwei Elefantenkinder und komm'n aus Afrika.
…
B: Wir könn'n trompeten, tri-tra-trompeten … (mit den Händen den „Rüssel" bilden)
…
C: Wir tanzen …
…

A: Wir sind zwei Eselskinder und komm'n aus Spanien her.
…
B: Wir könn'n „i-a" schreien, wir könn'n „i-a" schreien.
…
C: Wir tanzen …
…

A: Wir sind zwei Hasenkinder und komm'n vom Walde her.
…
B: Wir könn'n hi-ha-hoppeln, wir könn'n hi-ha-hoppeln.
…
C: Wir tanzen …
…

A: Wir sind zwei Maulwurfskinder und komm'n aus der Erde her.
…
B: Wir könn'n schi-scha-schaufeln, wir könn'n schi-scha-schaufeln.
…
C: Wir tanzen …
…

A: Wir sind zwei Mäusekinder und komm'n vom Felde her.
…
B: Wir könn'n trippeln, tri-tra-trippeln
…
C: Wir tanzen …

„Heiße“ Bastelideen für den Sommer

Am Ende des Kindergartenjahres im Sommer denken wir wohl schon an die „Neuen“, die im Herbst in den Kindergarten aufgenommen werden. Im folgenden sind einige schöne Ideen für einen Kindergeburtstagskalender aufgenommen, die ich in verschiedenen Kindergärten gefunden habe. Es sind Kalender mit sommerlichen Motiven, die z.T. mit den Kindern gemeinsam gestaltet werden können.

Alle meine Hände schwimmen in der See

Das ist eine hübsche Idee für einen sommerlichen Wandschmuck und zugleich für einen originellen Geburtstagskalender.

Ihr braucht: Fingerfarben, weißes Zeichenpapier, schwarzes und buntfarbiges Tonpapier, weißen Stift, Schere.

Jedes Kind bestreicht seine rechte Hand mit roter Fingerfarbe und drückt sie auf weißes Zeichenpapier. Ihr schreibt sofort den Namen und Geburtstag des Kindes auf das entsprechende Blatt. Nun schneidet ihr die Druckform – wie auf der Zeichnung ersichtlich – aus. Ihr malt einen großen dickbauchigen Fisch auf das schwarze Papier und markiert mit weißem Stift Flossen, Augen und Maul des Fisches. Nun klebt ihr euren Handabdruck wie Schuppen auf den Körper des Fisches. – Ihr könnt noch viele kleine Fische ausschneiden, die den großen Fisch umkreisen.

(*I. Madl*, Kindergarten Maria Ward, Pfarrkirchen)

Weiße Sommerschwäne

Ihr braucht: Weißes dünnes Papier oder weiße Federn, einen Pappdeckel DIN A 4, blaue Buntstifte oder blaue Fingerfarbe, Klebe, Schere

Ihr malt euch die Form des Schwanes auf, reißt die Papierschnitzel auseinander und klebt sie auf. Ihr könnt auch kleine Federn dicht an dicht aufkleben.
Zum Schluß malt ihr das Wasser mit Fingerfarben oder Buntstiften.
Ihr könnt auch viele Schwäne als großes Gemeinschaftsbild zusammen schwimmen lassen.

(*A. Engleder*,
Kindergarten Bad Birnbach)

Gib mir deine Bärenhand! – Bastelidee für Sommerfeste und Wintertage

Ihr braucht: Braunes Tonpapier, einfarbige und bunte Stoffreste, Bleistift, Klebe, Schere

Nach der Vorlage werden 24 Tanzbärchen zugeschnitten. Die zwölf Bärenjungen bekommen einfarbige (grüne, rote, blaue) Hemdhosen vorn und hinten aufgeklebt (siehe Zeichnung), die Bärenmädchen bunte Bärenkleider aufgeklebt. Gesichter aufmalen, in die Ohren mit dem Locher ein Loch stanzen, Kordel durchziehen, frei im Raum oder an der Wand entlang tanzen lassen. Später, in der Adventszeit, können wir den Bärchen selbstklebende Goldzahlen (24) aufkleben und ihnen für jeden Tag ein kleines eingewickeltes Geschenk um den Bauch binden.

(*S. Bock, Chr. Ebert*, St. Josefskindergarten, Lenggries)

Sommerlicher Geburtstagskalender

Wir brauchen: Grauen oder blauen Stoff als Hintergrund, farbiges Tonpapier in verschiedenen Farben, Schere, Bleistift, Lineal, Klebe, getrocknete Gräser, Fotos der betreffenden Kinder.

Wir schneiden viele bunte Quadrate aus (etwa 8 x 8 cm und 5 x 5 cm). Wir falten die Quadrate zum Dreieck und kleben jeweils ein großes und ein kleines Dreieck zusammen (siehe Bild). – Auf das größere Dreieck kleben wir das Kinderfoto, auf das kleinere Dreieck schreiben wir den Geburtstag des Kindes.
In das größere Dreieck malen wir ein schwarzes „Fischauge".
Nun ordnen wir die „Fische" zu einem großen Fisch an und kleben sie fest.
Auf den unteren Stoffrand nähen wir die Gräser vorsichtig fest, so daß sie leicht hin- und herschwenken

.

(*A. Engleder*, Kindergarten Bad Birnbach)

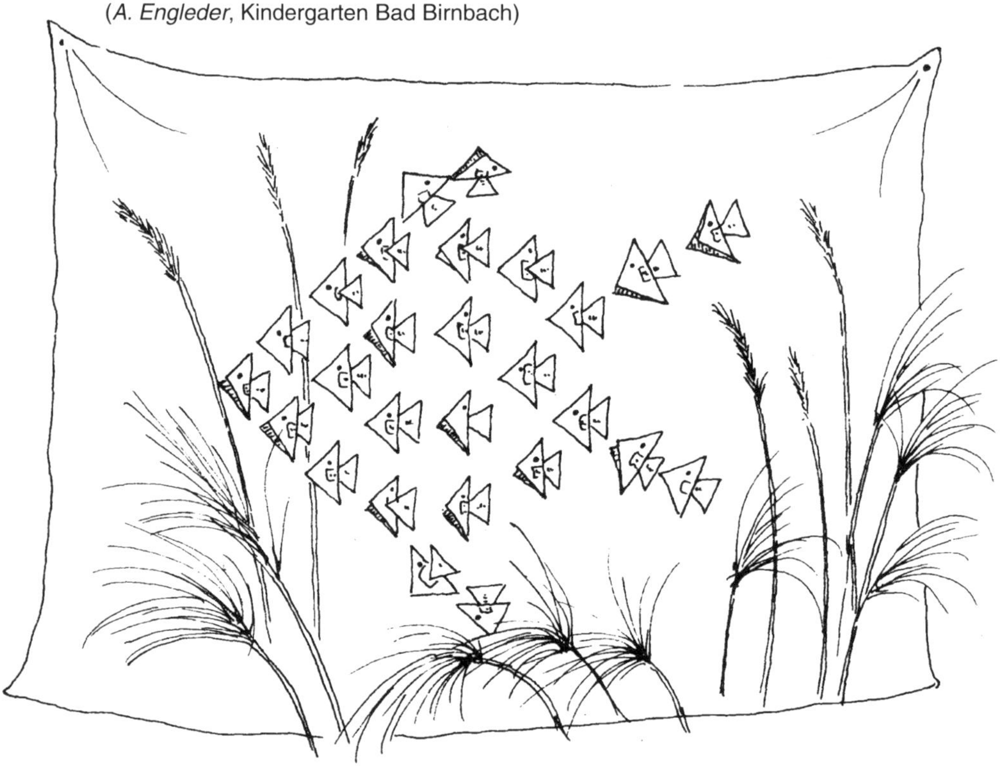

Abzählreime für alle Gelegenheiten

1–2–3,
die Wiese ist voll Heu.
Die Wiese ist voll Löwenzahn,
und du bist dran.

1–2–3,
die Kuh frißt gerne Heu.
Sie frißt nicht gerne Klapperschlangen,
sieh dich vor, du bist gefangen.
1–2–3
und du bist frei.

Es war einmal ein Papagei,
der machte immer groß Geschrei.
Er klopfte an das Gitter an,
und du bist dran.

Pi–Pa–Puppe,
wir kochen süße Suppe,
wir kochen süßen Brei,
und du bist frei.

Wiese – wuse – waus,
die Katze fängt 'ne Maus.
Der Hund, der guckt ihr zu,
und ab bist du.

Seifenblase
vor der Nase,
pick mir nicht hinein!
Und du mußt sein!

Sterne, Mond und Sonne,
der Frosch sitzt in der Tonne.
Der Hund, der sitzt im Hundehaus,
und du bist raus.

1–2–3–4
hundert Schäfchen schenk' ich dir.
Hundert und noch eins dazu,
und ab bist du.

Kapitel 2: Ferien

Zu Hause, auf dem Bauernhof und am Wasser, von kleinen Eisverkäufern, Traumschiffen und Ferienfahrten

30 Wir freuen uns auf die Ferien VORBEMERKUNG
31 Ferien auf dem Bauernhof ERZÄHLUNG – GESCHICHTE
32 Tolle Ferien ERZÄHLUNG – GESCHICHTE
34 Komm mit ins Land der Phantasie SPIELLIED/BILDHAFTES GESTALTEN
35 Teddy auf langer Autofahrt BASTELVORSCHLAG
35 Fingerspiel für fröhliche Ferientage FINGERSPIEL
36 Reisewünsche LIED/BILDHAFTES GESTALTEN
37 Reisewünsche auf Papier BASTELVORSCHLÄGE
Unser „Traumschiff" sticht in See
Eine Seefahrt, die ist lustig
38 Peter und das „unendliche Gedicht" REIME
38 Der kleine Eisverkäufer ERZÄHLUNG – GESCHICHTE/HÖRSPIEL
42 Neue Ferienbasteleien BASTELVORSCHLÄGE
Die Bären Bruno und Barbara machen Badeferien auf Barbados
Ein bunter Sommerteich für die Ferien

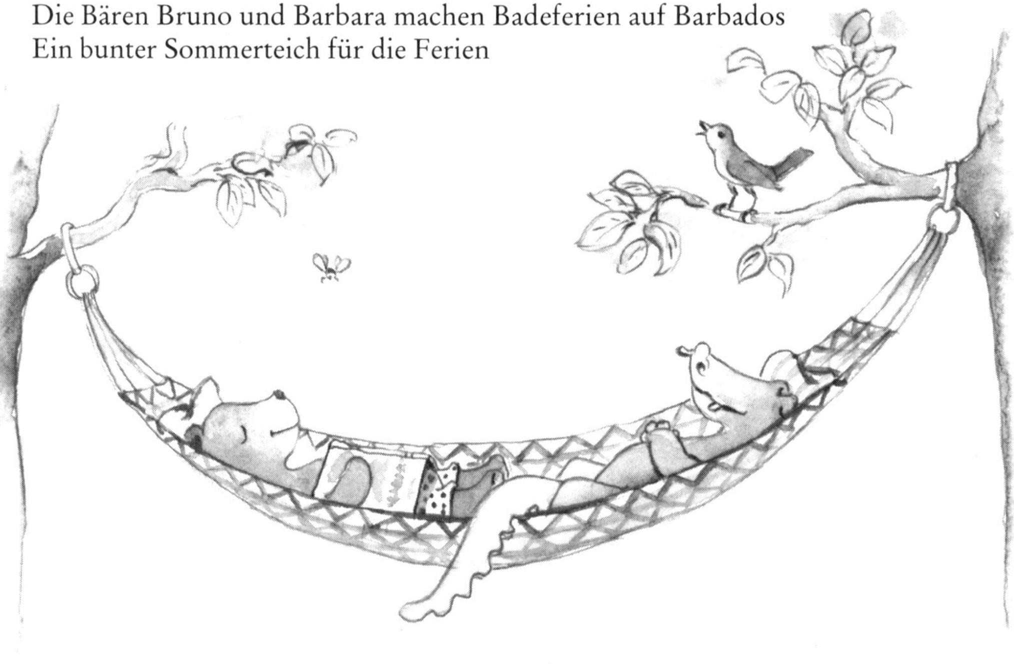

Wir freuen uns auf die Ferien

Vorbemerkung: Die Familie ist von der großen Sommerreise zurückgekehrt. Die Mutter schwärmt von der eindrucksvollen Bergkette der Dolomiten ... „unvergeßlich bei Sonnenuntergang die Kulisse des Rosengartens und der Marmolata!" Der Vater zeigt seine Dias von den Bergtouren mit dem Bergführer. Und die Kinder? Martin fand es am aufregendsten, daß er den schwarzen Käfer aus dem Bergbach gerettet hat. Zappelnd war er an ihm vorbeigetrieben. Und dann hat er an einem ruhigen Wasserlauf mit Steinen eine Brücke aufgeschichtet. „Da konnten wir richtig rübergehen!"

Laura erinnert sich an die wunderbare Sommerwiese mit dem roten Klee, den Margueriten und dem Zittergras. – „Da hab' ich mir einen Kleekranz geflochten. Vati hat gesagt, ich seh' wie eine Kleeprinzessin aus!" berichtet sie aufgeregt der Oma. – Kleine Erlebnisse am Wegrand, Ferieneindrücke der Kinder aus ihrem Mikrokosmos.

„Erzählt doch mal von den hohen Bergen! Von unserem Ausflug an die Schneegrenze", fordert der Vater sie auf. – „Oder wie wir oben von der Bergstraße aus den riesig weiten Blick ins Tal hatten!" – Aber für die Kinder sind Käfer und Blumen, die Entenmutter mit ihren Jungen, die Habichtsfeder am Wegrand, das leere Schneckenhaus, Erfahrungen aus der nächsten Umgebung, wichtiger. „Da hätten wir eigentlich auch zu Hause bleiben können", meint der Vater. – Ja, warum eigentlich nicht? – Für kleine Kinder bedeuten die endlosen langen Fahrten auf den überfüllten Fernstraßen, die plötzliche Klima- und Witterungsumstellung eine starke Belastung.

Wir können die Ferienzeit mit Kleinkindern auch in der nächsten Umgebung sinnvoll gestalten im Sinne eines „sanften Tourismus", vielleicht mit dem Fahrrad oder auf gemeinsamen Wanderungen. Da kann man sich Zeit lassen für die Eindrücke in der vertrauten Umgebung und gemeinsam in Ruhe, ohne körperlichen Streß, die Heimat entdecken. Das sind Ferienerfahrungen, die für kleinere Kinder unermeßlich wertvoll sind. Als wir mit unserem damals fünfjährigen Sohn nach trüben regnerischen Wochen im Allgäu zurückkehrten, empfing uns ein sommerlich-strahlender Himmel über Strand und Wasser. Wir nahmen uns Zeit, gemeinsam am Strand eine lange Hafeneinfahrt und eine Wasserburg mit vielen Gräben zu bauen. Da konnten die Ritter über die Burgmauern klettern, und im Hafenbecken konnte Michael seine Schiffe fahren lassen. Lange hatten wir unseren Jungen nicht so fröhlich und entspannt gesehen. „Mami und Papi sind meine Freunde!" erklärte er ganz spontan, als wir nebeneinander im feuchten Sand matschten.

So sind auch in der vertrauten heimatlichen Umgebung während der Ferienzeit viele neue Erfahrungen und Eindrücke zu gewinnen. Es gehören nur etwas Phantasie, Kreativität und Einfühlungsgabe dazu, jeden Ferientag mit den Kindern sinnvoll zu erleben.

Im folgenden gebe ich verschiedene Impulse, wie wir unsere Kinder auf frohe Ferientage vorbereiten und einstimmen können.

Viele Anregungen für die Gestaltung der Ferientage mit Kindern in verschiedenen Regionen Deutschlands sind in dem Buch von Karin Mönkemeyer: „Mit Kindern verreisen in Deutschland", Rowohlt-Verlag, zu finden. Dieses Buch empfiehlt den „sanften Tourismus", bei dem man mit der Bahn reist, Fahrradtouren unternimmt, mit den Kindern am Urlaubsort die Natur erkundet ... Viele kinderfreundliche Urlaubsorte und Adressen von Jugendherbergen und Pensionen sind aufgelistet.

Ferien auf dem Bauernhof

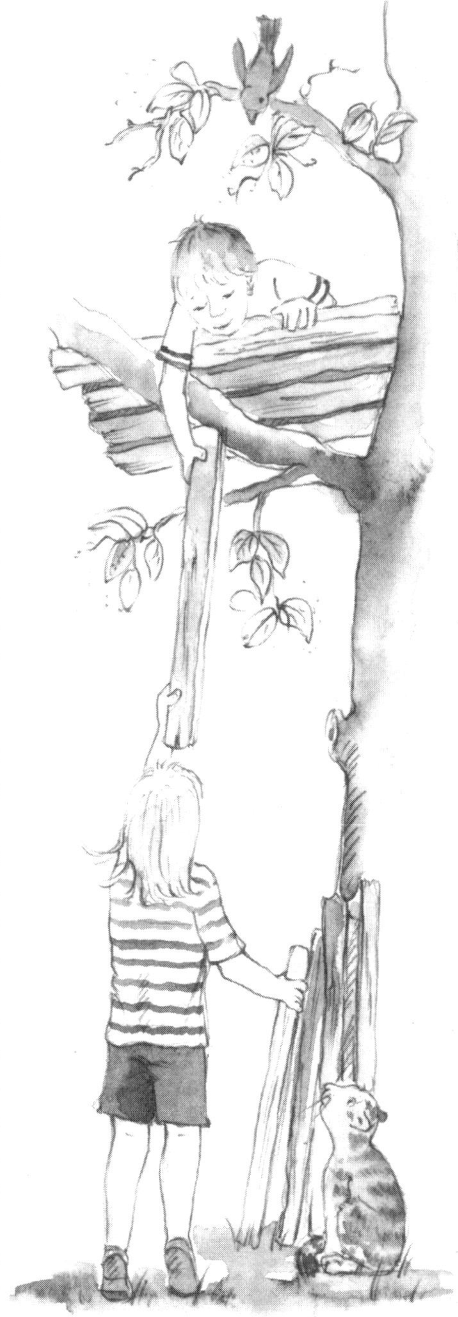

„Mami und Papi machen eine ganz weite Reise! Wir dürfen zu Oma und Opa auf den Bauernhof", erzählt Michael stolz seinen Freunden. „Da gibt's eine Sau mit zehn Ferkeln und eine Katze mit fünf kleinen Kätzchen!" – „Und ein Nilpferd und sechs Nilponys!" ruft der große Pit höhnisch hinterher. Aber Michael läßt sich nicht ärgern. „Bist ja bloß neidisch, weil du in den Ferien zu Hause bleiben mußt", meint er.

Am ersten Tag ist Michael gar nicht aus dem Pferdestall fortzukriegen. Dauernd streichelt er das Pony. Das hat so weiche Nüstern und so schöne große Augen. „Du Claudia, ich glaub', nächstes Jahr darf ich drauf reiten!"

Claudia hockt vor dem Katzenkörbchen. „Guck mal, Michael", ruft sie, „das kleine weiße Kätzchen hat heute morgen die Augen aufgemacht. Ganz blau sind die! Nächstes Jahr ist es schon groß und kann Mäuse fangen und da oben auf den Kirschbaum klettern!"

Michael guckt hoch in die weit ausladenden Zweige. „Du, und wir können schon jetzt hochklettern", meint er. „Jetzt gleich! Ist gar nicht schwer – da oben, da ist richtig Platz für ein tolles Baumhaus!"

„Ich hab' Angst", ruft Claudia. Aber Michael hat schon die Leiter angestellt. „Opa", ruft er, „hilfst du uns, ein Baumhaus zu bauen? Ein richtiges Ferienbaumhaus mit Latten drumherum! Ganz gemütlich muß es sein!"

Der Großvater guckt prüfend hoch zum grünen Blätterdach. „Hier, auf den untersten Ästen geht es am besten", meint er. „Da ist es nicht so gefährlich, wenn einer runterfällt. Und außerdem sind da noch die Reste von dem Baumhaus, das euer Vater sich gebaut hat. Die Latten hab' ich damals festgezurrt. Ich muß sie nur noch nachbinden."

Michael und Claudia holen neue Latten und schleppen auch noch alte Säcke und Decken aus der Scheune her-

bei. „Richtig schön gemütliche Strohkissen sind das", stellt Michael fest.
„Und die Kuscheltiere und die Puppen nehmen wir auch mit!" ruft Claudia. Sie hängt der schwarzen Puppe drei rote Kirschen hinters Ohr. Der Teddy brummt vor Vergnügen, und das Krokodil wickelt den langen Schwanz dreimal um die Lattenstäbe. Der Kletteraffe hängt mit einem Arm vom Baumhausdach herunter, und der Kasper schwenkt über ihnen seine Zipfelmütze. „Juhu!" ruft Michael. „Ferien mit Ferkeln und Ponys und Katzen und einem Baumhaus – das ist einfach Spitze! Nächstes Jahr kommen wir wieder – da können Mutti und Vati ruhig bis zum Nordpol reisen!"

Tolle Ferien!

Weiß leuchten die Felsen in der Mittagssonne. Die Luft flimmert vor Hitze. Die Wellen rollen über die glitzernden Kiesel.
„Ich geh' schon mal kurz ans Wasser!" ruft Jessica.
„Aber zieh dir Schuhe an", sagt die Mutter. „Der Sand ist so heiß, du kannst nicht barfuß laufen. Und creme dich ordentlich ein!"
Jessica stapft über den heißen Sand. „Kaum zu fassen", denkt sie. „Vor sechs Stunden standen wir noch im

Aus:
B. Cratzius,
Mein allerliebstes Ferienbuch.
Loewes-Verlag 1993

Nieselregen auf dem Hamburger Flughafen. Daß wir noch einen Platz im Flugzeug bekommen haben! In letzter Minute! Mirjam und Daniela und Michael werden schön gucken, wenn ich ihnen alles erzähle!"
Jessica setzt sich auf den großen warmen Stein unter der Schirmpinie. Mit den Zehen malt sie Kreise in den Sand, zwei Kreise, drei Kreise ... Vom Strand klingen die fröhlichen Stimmen der anderen Feriengäste herüber. „Wenn ich doch bloß jemanden zum Spielen hätte", denkt sie. „Daniela oder wenigstens den langweiligen Olli."
Plumps – da rollt ihr ein dicker Pinienzapfen vor die Füße. Plumps – noch ein zweiter.
Jessica guckt hoch. Ein dunkler Lockenkopf taucht zwischen den Stämmen auf. Ein braungebrannter Junge schlendert den Sandweg hinunter.
„He – buenos dias!" ruft er. „Guten Tag, ich bin Pedro. Du bist bestimmt heute erst gekommen. Weiß wie Käse siehst du aus."
Jessica springt auf. „Du kannst aber gut Deutsch", ruft sie.
„Ich wohne ja auch in Deutschland", sagt Pedro. „Mein Vater arbeitet in einer großen Autofirma. Ich bin hier mit meinen Geschwistern im Urlaub bei den Großeltern zu Besuch. Guck mal, da oben wohnen wir. Wenn du willst, zeig' ich dir alles."
Jessica schaut hoch zu den knorrigen Olivenbäumen. Dort leuchtet ein flaches, weißgekalktes Haus in der Mittagssonne.
„Muscheln kann ich dir auch zeigen und bunte Fische. Gestern hab' ich sogar eine Flaschenpost an Land gezogen! Ich borg' dir meine Taucherbrille, damit kannst du wunderbar unter Wasser gucken", schlägt Pedro vor.
„Du, ich hab' selbst einen neuen Schnorchel und eine bunte Luftmatratze mit", ruft Jessica. „Warte, ich hol' alles!"
Schnell läuft sie zu ihrem Ferienhäuschen zurück. – „Ich glaub', das werden tolle Ferien", denkt sie.

Komm mit ins Land der Phantasie

Text: Barbara Cratzius
Musik: Ludger Edelkötter

Komm, Sonnenstrahl, zieh unser Schiff!
Wohin geht wohl die Reis'?
Wir machen jetzt den Anker los,
ganz heimlich, schnell und leis'.

Wir schaukeln übers Hausdach hin,
am Schwalbennest vorbei.
Riechst du das Holz, den Wiesenduft
und auch das frische Heu?

Wir segeln übern Waldrand sacht,
hoch über weißen Klee.
Die jungen Hasen stellen flink
die Ohren in die Höh'.

Wir schweben übern See dahin,
er schimmert silbrig-klar.
Da taucht der Wassermann empor
und kämmt sein feuchtes Haar.

Schau dort, die Möwen über uns,
mit ihrem schrillen Schrei.
Und Berge, Wälder, Tal und Fluß,
die ziehn an uns vorbei.

Und jeden Tag ist neu die Fahrt,
hei, ohne Rast und Ruh!
Von Abenteuern ohne Zahl,
da träumst bestimmt auch – du!

Dieses Phantasiereiselied kann uns zu einem gemeinsamen großen Collagenbild anregen. Aus verschiedenen Materialien (Tapetenreste, Buntpapier, Wollreste, Filz, Draht (Anker) können wir gemeinsam ein großes Collagenbild herstellen. Es können aber auch viele Einzelbilder aus den angeführten Motiven (Schiff, Schwalbennest, Wiese, Hase, Wassermann, Möwen) entstehen, die wir dann in langer Reihe im Gruppenraum aufhängen.

Teddy auf langer Autofahrt

Mit einem „Zaubertuch“ können wir uns mit unserem Teddy eine lange weite Autofahrt lang beschäftigen. Ein großes Herrentaschentuch kann uns dabei helfen. Ihr seht aus den Bildern, wozu uns das Zaubertuch dienen kann.

(*H. Schauder*)

Kopftuch

Piratentuch

Königinnenschleppe

Lätzchen

Kochschürze

Schlafmaske

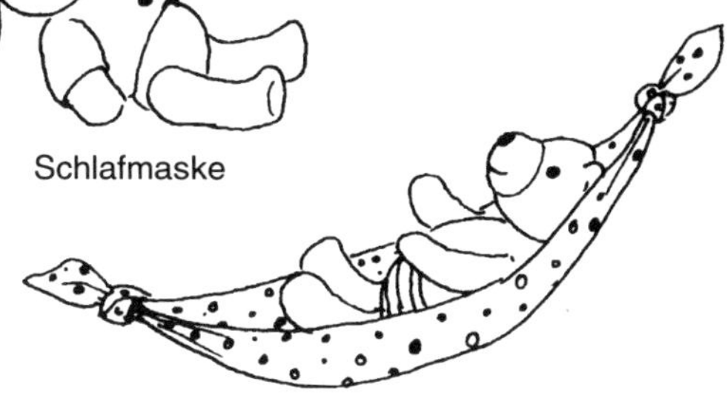
Hängematte

Fingerspiel für fröhliche Ferientage

Nacheinander werden die einzelnen Finger hochgehalten. Am Schluß tanzen alle Finger fröhlich herum.

Meine Finger wolln verreisen,
wohin soll die Reise gehn?
Spricht der Daumen: „Ich fahr’ an den Nordpol,
da fühl’ ich mich so richtig wohl!
Da ist es nicht zu heiß,
da gibt es Schnee und Eis.
Der Zeigefinger will in die Berge,
von oben sind die Menschen klein wie Zwerge.
Der Mittelfinger will schwimmen gehn,
ihr könnt ihn am Badesee bald sehn.
Der Ringfinger, der liebt Matsch und Sand,
ihr seht ihn buddeln am weiten Strand.
Und der Kleinste, der guckt aus dem Bett heraus:
„Ich schlaf’ noch ein Weilchen, ich bleib’ zu Haus!
Da kenn’ ich mich am besten aus.
Mein Teddy, mein Hund, mein Hamster, die Katz
und alles steht am rechten Platz!
Macht mit bei Indianer- und Cowboyfesten!
Zu Haus ist’s doch am allerbesten!“

Reisewünsche

Text: Barbara Cratzius
Musik: Ludger Edelkötter

Ich mal' ein schnelles Flugzeug mir
und fliege nach Amerika.
Und wenn's Spinat zu Mittag gibt,
dann bin ich nicht mehr da.

Ich mal' mir eine Eisenbahn
und fahre schnell nach Bielefeld.
Und wenn ich so früh schlafen soll,
noch weiter um die Welt.

Ich hol' mein kleines Dreirad mir
und fahr' zur grünen Wiese raus.
Da such' ich hundert Schnecken mir,
die bring' ich mit nach Haus.

Ich setz' mich in die Wanne rein,
und spiel' den stolzen Kapitän.
Die Masten sind der Besenstiel,
die Segel lustig wehn.

So geht es weiter Tag für Tag
in unserm Kindergarten hier
und meine Freunde, das ist klar,
die reisen dann mit mir.

Spielidee: Wir falten aus Papier Schiffe, Flugzeuge usw.; wir basteln oder malen eine Eisenbahn. In der Spielecke können wir auch mit Kartons Kapitän auf dem Schiff oder Zugführer in der Eisenbahn spielen. Eine lange Kette Kinder kann dann im Gruppenraum auf die große Reise gehn.

Reisewünsche auf Papier

Unser „Traumschiff“ sticht in See

Ihr braucht: Weiße Prägetapete für das Schiff, blauen Tonkarton für Himmel und Meer, weiße Pappteller, Alufolie, Klarsichtfolie für Bullaugen, weißes Papier für die Gesichter, Tischkarten, Pinsel.

Ihr schneidet den großen Schiffsrumpf und die Aufbauten aus der weißen Tapete aus und klebt sie auf den hellblauen Tonkarton. Dann schneidet ihr Wellen aus dunkelblauem Tonkarton aus und klebt sie als Meer auf den Schiffsrumpf. Ihr schneidet danach aus einem Pappteller vorsichtig die Mitte heraus. Nun überzieht ihr die Bullaugenränder mit Alufolie. Wer will, klebt noch mit Klarsichtfolie ein „Glasfenster“ in den Bullaugenrahmen.
Auf den Innenkreis eines weiteren Papptellers malt ihr die Gesichter der Kinder. Mit einem Heftklammerer werden die Papptellerränder zusammengefügt. So klebt ihr mehrere Bullaugen auf den Schiffsrumpf.
Zum Schluß könnt ihr euer Traumschiff noch phantasievoll mit Filzstiften verzieren und einen tollen Namen auf die Bugspitze schreiben.

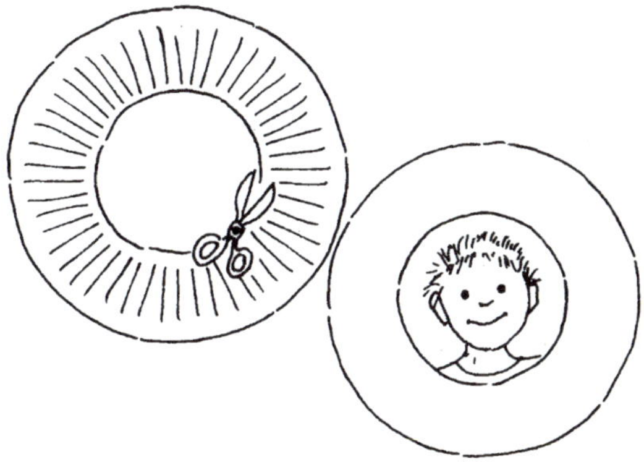

Eine Seefahrt, die ist lustig

Ihr braucht: Eine Pappe als Untergrund, weiches Toilettenpapier, Tapetenkleister, Zeichenpapier zum Falten der Segelboote, Tuschkasten, Pinsel, Schere.

Ihr dreht aus dem Toilettenpapier schmale Rollen, feuchtet sie mit Kleister an und klebt sie wellenartig auf die Pappe. Das wiederholt ihr, bis das „Meer“ fertig ist. Nach dem Trocknen malt ihr Himmel und Meer in verschiedenen Blautönen an. Jetzt faltet ihr mehrere kleine Segelschiffchen aus Rechtecken und verteilt sie auf den Wellen. Das ergibt ein lustiges Bild, wenn die Schiffchen bei „Seegang“ auf- und niedertanzen.

(*H. Schauder*)

Peter und das „unendliche Gedicht" – Kannst du reimen?

Schnorchel, Creme und Badetuch,
Mückensalbe, Rätsel-… buch,
Sonnenhut und die Sandalen,
Spiele, Würfel, Stift zum… Malen,
auch den Teddy mit der Litze
und die rosa Bade-… mütze,
für die Puppe drei Paar Socken,
für den Durchfall Hafer-… flocken,
Pullis, Hemden und fünf Hosen,
auch den Nachttopf mit den… Rosen.
Peter schleppt sein Dreirad her,
Papa stöhnt: „Nein, nicht noch… mehr!
Seid ihr denn wohl alle toll?
Längst ist unser Auto… voll!"
Mutter seufzt: „O Feriengraus!
Nächstes Jahr bleib ich zu… Haus!"
Doch der Peter schreit geschwind:
„Toll, daß endlich Ferien… sind!
Vati – los mit 100 Sachen,
endlich wolln wir Urlaub… machen!"

Her mit Schnorchel, Creme und Tuch,
Mückensalbe …
(nun geht's von vorne los!)

Der kleine Eisverkäufer

Hörspiel

Es ist der erste Ferientag. Während der Schuljunge Peter sich freut, daß er endlich frei hat, ist Michael, der noch in den Kindergarten geht, traurig, daß er nicht weiter mit seinem Freund Wulf im Kindergarten Verkehrspolizist spielen darf. Die Mutter tröstet ihn und schlägt vor, den Freund anzurufen. Dann könnten sie gemeinsam in der Spielstraße (Sackgasse) Polizei spielen und das neue Stopschild ausprobieren. Während der große Bruder Peter zunächst dem Spiel der Kleinen ablehnend gegenübersteht, findet er doch allmählich Spaß an dem Polizeispiel, als er merkt, daß dabei etwas „Geld" zu verdienen ist, als sich nämlich der Vater gutmütig in das Spiel hineinziehen läßt. Er steuert sogar eigene Ideen bei, indem er das Polizeispiel in ein Spiel an der Grenze umfunktioniert.
Als Pablo, der Neue aus Italien, mit seiner Schwester auftaucht, wollen ihn die Kinder zunächst nicht mitspielen lassen.
Pablo versucht, durch Betteln und durch das Angebot, sein Go-cart zur Verfügung zu stellen, in die Spielgemeinschaft aufgenommen zu werden. Michael will ihn zunächst nicht am Spiel beteiligen lassen. Er befürchtet, daß die kleinen Geschwister von Pablo auch noch ankommen und das Spiel stören könnten.
Der große Peter greift ein und beteiligt die kleine Gina am gemeinsamen Spiel. – Durch die gute Spielidee von Pablo (Eisverkauf) werden die italienischen Kinder voll ins Spiel integriert und eingeladen, am nächsten Tag wieder mitzuspielen.
Diese Geschichte vom „kleinen Eisverkäufer" eignet sich gut dazu, Ausländerkinder in eine Kindergruppe zu integrieren. Das anschließende Hörspiel kann von einer Mitarbeiter- oder Elterngruppe für Kinder erarbeitet werden. Durch ein geschickt eingespieltes Hörspiel werden die Vorstellungskräfte der Kinder weit stärker motiviert als beim Fernsehen; der optische Verlauf muß beim Zuschauer nachvollzogen werden. Nach meinen Erfahrungen entwickeln sich nach einem Hörspiel fruchtbare Gespräche innerhalb der Kindergruppe.

Personen: Mutter
Vater
Nachbar Meyer
Peter: 8 Jahre (geht schon zur Schule)
Michael: 5 Jahre
Wulf: 5 Jahre
Pablo: 6 Jahre
Gina: 3 Jahre (Pablos Schwester)

Peter: kommt pfeifend aus der Schule)
Mami, wir haben Ferien! Jetzt rühre ich aber vier Wochen lang keinen Bleistift und kein Buch mehr an! Los, in die Ecke damit!
(polterndes Geräusch)

Mutter: Peter, mach deinen Ranzen doch nicht kaputt!

Michael: Och, ich finde das gar nicht so schön ohne Kindergarten! Ich hab' doch gerade mit Wulf so schön Verkehrspolizei gespielt! Und eine tolle Straße haben wir in unserer Spielecke gebaut! Mit lauter Kurven und Schleifen! Frau Müller hat uns all die schönen Verkehrszeichen gegeben! Sogar 'ne tolle Ampel!

Mutter: Ach, zu Haus könnt ihr doch auch schön spielen! Ich kann ja mal Wulfs Eltern anrufen! Vielleicht darf er herkommen! Du hast doch so ein hübsches großes Stoppschild gebastelt! Ihr könnt ja bei uns in der Spielstraße in der Sackgasse gemeinsam Polizei spielen! Das ist wenigstens nicht gefährlich!

Michael: (begeistert) O ja, ich hol' gleich meine Kapitänsmütze vom Fasching und binde den Cowboygürtel um. Darf ich deinen dicken Filzstift und das Notizheft haben? Mami, bitte! Das ist mein Strafbuch! Tschüs, Mami! (Polternde Schritte)

Peter: (überlegen) Ach, ihr Kleinen mit eurem Polizeispiel! Ich hole mir lieber mein Fahrrad raus! (lautes Klingeln) (Geräusch eines bremsenden Fahrrades)

Michael: Peter! Anhalten! Du bist zu schnell gefahren! Und außerdem freihändig! Und zeige mal, ob dein Licht vorn in Ordnung ist! Ha – das geht nicht! Das gibt drei Strafpunkte!

Peter: Du kannst ja noch nicht mal schreiben! Was kritzelst du denn da in dein Heft!

Michael: Ha, Peter, hier kommt ein dickes „P" hin, das kenne ich von den Parkschildern! Das ist dein Name! Und dahinter kommen die Strafpunkte!
(lautes Hupen)

Michael: Papi! Halt! Papi! Halt!

Vater: (bremsen) Na, Peter, Michael! Habt ihr endlich Ferien?

Michael: Ja, Papi, aber ich habe jetzt Dienst! Ich bin Verkehrspolizist! Du hast so doll gehupt! Das gibt einen kleinen Strafpunkt!

Vater: Du hast ja ein richtiges Strafbuch in deinem Cowboygürtel!

Peter: (lachend) Jetzt malt er schon wieder ein großes „P"!

Michael: Und dahinter male ich ein Auto! Das sind Papis Strafpunkte! Und bei dir male ich ein „P" und ein Fahrrad!

Vater: O weh, Herr Polizist, muß ich denn auch Strafe zahlen?

Michael: Ja, ja, Herr Müller, das kostet 40 Pf. Strafe!

Vater: Das ist aber viel Geld!

Vater: Na gut, weil heute Ferien sind! Jeder kriegt 20 Pf!

Peter: (bekommt allmählich Lust) Mensch, dafür kaufen wir uns nachher ein kleines Eis! Guck mal, da kommt Wulf angelaufen! Nun können wir ja richtig Polizei spielen! Grenzpolizei! Ich hole ein dickes Tau aus der Garage! Das ist die Grenze! (läuft weg)

Mutter: Peter, seid vorsichtig, wenn ein fremdes Auto kommt!

Peter: Ach, heute kommen doch nur noch zwei Autos von den Nachbarn durch! Die anderen sind doch schon alle zu Haus!
Michael: Und ich hol' noch den Stempel von meinem Postspiel! Und das Stempelkissen!
Wulf: Darf ich immer Stempel in die Ausweise drücken?
Peter: Ich hole noch den Gartentisch, dann könnt ihr immer alles abstempeln!
Michael: O ja, prima! (lautes Klingeln)
Peter: Mensch, wer ist denn das?
Michael: Das ist doch Pablo, der Neue aus dem Kindergarten! Der kommt doch aus Italien!
Wulf: Was will der denn hier mit seinem Go-cart?
Michael: Der wohnt doch gar nicht hier in der Nähe!
Peter: Und der schleppt ja noch seine ganze Familie mit an! Guck mal, seine kleine Schwester bringt er auch mit! Was die für ein altes verrostetes Dreirad hat!
Wulf: Wie der wieder aussieht! So eine komische lange Jacke und so ein blödes Hemd!
Michael: Und so braun im Gesicht! Als ob er sich nicht richtig waschen kann!
Wulf: Immer muß er sich reindrängen! Im Kindergarten gestern auch! Immer wollte er Carabi ...
Peter: Du meinst Carabinieri! Das sind die Polizisten in Italien!
Michael: Ja, aber wir wollen hier nicht mit ihm spielen! Dann hab' ich gar keine Lust mehr! Der ist so tolpatschig. Und dann stinkt er auch so komisch!
Pablo: Guten Tag, Michael! Guten Tag, Wulf! Ich mitspielen bitte! (Pause)
Michael: Wo kommst du denn her? Du wohnst doch hier gar nicht!
Pablo: Ich viel fahren mit Go-cart! In unsrer Straß' keine Kinder zum Spielen. Nur Gina, kleine Schwester! Mutter sagen, wir draußen spielen auf Straße! In Küche nicht Platz zum Spielen!
Michael: Habt ihr denn kein Kinderzimmer zum Spielen?
Pablo: Wir nur Küche und Zimmer zum Schlafen! Nicht Kinderzimmer!
Peter: Laß ihn doch mitspielen!
Pablo: Du hier auf Go-cart fahren! Ist neu, bitte! In Napoli wir immer spielen mit Kinder auf Straß'! Bis nachts! In Napoli ich viele Freunde! Bitte du fahren!
Michael: Ja, das Go-cart ist wirklich große Klasse! Kann man damit auch hupen? Zeige mal her! (Er hupt) (knirschendes Geräusch des Go-cart)
Mensch, das fährt ja prima!
Aber du schleppst noch deine ganze Familie an!
Hast du denn noch mehr Geschwister?
Pablo: Noch zwei kleine Brüder, krank, Fieber, im Bett!
Peter: (einlenkend) Hol doch mal deine Sandförmchen, Michael! Da kann seine kleine Schwester mitspielen!
Wulf: O ja, ihr habt doch eine große Sandkiste, Michael!
Pablo: Danke, sehr gut, Gina kann gut Kuchen backen mit Sand! Kann gut Eis machen mit Sand, italienisch Eis, sehr gut! Los, Gina!
(laut und derb wie ein Eisverkäufer)
Per favore! Gelato! Gelato!
Peter: Toll, Pablo, du bist ja ein richtiger Eisverkäufer! Hier ist die Grenze nach Italien! Da verkaufst du Eis!
Pablo: Sehr gut! Hier an Grenze sehr heiß! Viel Sonne! Immer Sonne in Italien! Nicht Regen wie in Deutschland. (Schreit noch einmal laut) Gelato!
Michael: Los, bringt alle fertigen Eisförmchen her! Vorsichtig! Die kommen auf den Tisch!
Wulf: Jetzt sind schon ganz viele Eistüten fertig!
(Geräusch eines Autos: Tut ... tut ...)
Michael: Da kommt ja der Nachbar von nebenan!
Los, Stoppschild her!

Herr Meyer: (lachen) Was ist denn hier los, Michael?
Michael: Hier ist die Grenze nach Italien! Darf ich Ihren Ausweis sehen?
Herr Meyer: Na, da muß ich dir ja meinen Ausweis zeigen! Ist der in Ordnung?
Michael: Alles klar! Haben Sie etwas zu verzollen?
Herr Meyer: Nein, nur Gummibärchen! Muß ich dafür auch Zoll zahlen?
Michael: Nein, die sind zollfrei!
Herr Meyer: So, dann kriegt jeder von euch ein Gummibärchen!
Pablo: Gelato! Gelato!
Herr Meyer: Ach, kann man bei euch Eis kaufen? Dann gebt mir doch gleich zwei Portionen! Das ist ja so heiß bei euch!
Pablo: Bitte, mein Herr, was soll's sein? Schokoladen-Eis oder Vanille-Eis?
Herr Meyer: Am besten gleich beides! Was kostet es denn?
Pablo: Nur 10 Pf!
Herr Meyer: Na, ihr seid ja billig! So, haltet mal eure Hand auf!
Die Kinder: Danke, danke ...!
Herr Meyer: Darf ich nun weiterfahren?
Peter: Zollschranke hoch! (Autogeräusch)
Wulf: Mensch, ich hab' auch 10 Pfennig gekriegt! Pablo, deine Idee mit dem Eis war wirklich gut!
Michael: Du kannst morgen wieder mitspielen!
Pablo: Sehr gut, ich bringe schön Wimpel, italienisch Wimpel von Fahrrad mit. Das ist Fahne für Grenze!
Peter: Und deine Schwester kann wieder Kuchen backen! Du bist Eisverkäufer!
Pablo: Gelato! Gelato! (langsam ausblenden)

Neue Ferien-Basteleien

Die Bären Bruno und Barbara machen Badeferien auf Barbados

Dazu brauchen die beiden Bären natürlich eine besondere Feriengarderobe. Wenn ihr die einzelnen Teile aufgemalt und ausgeschnitten habt, könnt ihr Bruno und Barbara ferienmäßig anziehen.

Ihr braucht: Zeichenpapier oder Tonpapier, Bleistifte, Buntstifte.
Zunächst kopiert ihr die beiden Bären. Dann zeichnet ihr die verschiedenen Kleidungsstücke auf, malt sie an und schneidet sie aus. (Umklappstege zum Befestigen nicht vergessen!)
Nun kann die Ferienreise mit einer großen Modenschau beginnen. *(H. Schauder)*

Ein bunter Sommerteich für die Ferien

Ihr braucht: Hellblaue Plastikfolie, große Pappe, Eierkartons, Tonpapier, Schere, Buntstifte, Moosy, Gräser.

Zunächst schneidet ihr aus blauer Folie den „Teich" zurecht und „tackert" ihn an der Pappe fest. Für die Seerosen schneidet ihr (siehe Zeichnung) aus Eierkartons zwei Segmente heraus und schneidet den Rand blätterförmig aus. Für das Innere der Blüte nehmt ihr einen kleineren abgestumpften Kegel des Eierkartons. Dann klebt ihr die Einzelteile übereinander. Die Seerosenblätter werden aus grünem Tonpapier geschnitten.
Der Rand des Teiches kann mit Steinen umgeben und mit Gräsern (auf Knete oder Moosy gesteckt) geschmückt werden. Zum Schluß malt ihr euch kleine bunte Pappfische auf und schneidet sie aus. Auf die Unterseite klebt ihr eine größere Büroklammer. Nun könnt ihr eure Fische mit einer kleinen Angel, an der ein Magnet befestigt ist, fischen.

(*H. Schauder*)

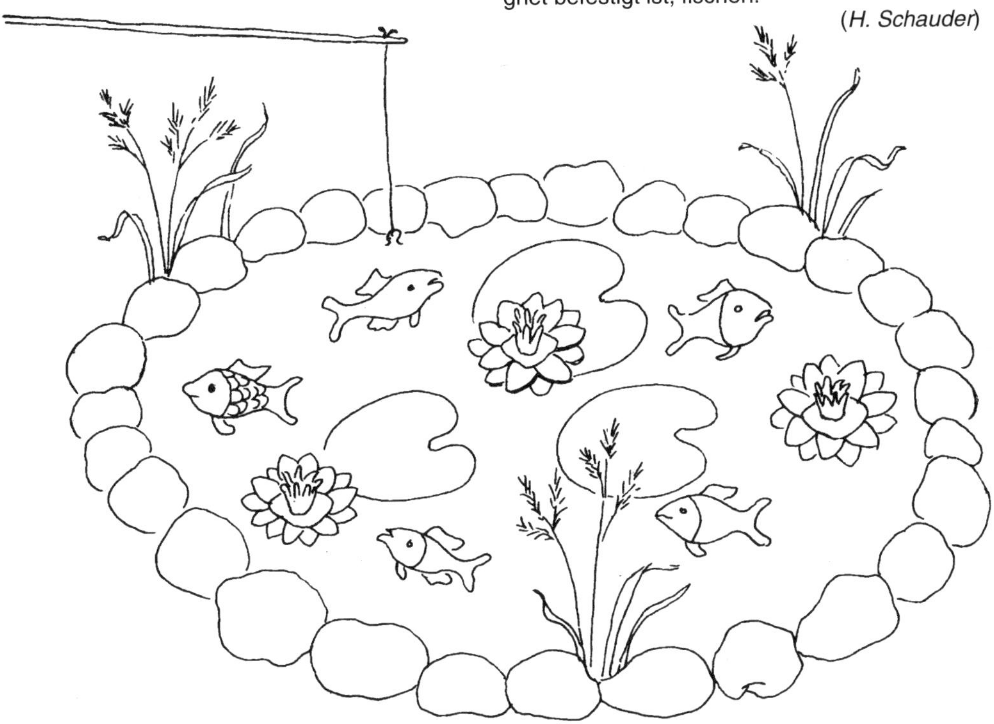

Kapitel 3: Wir feiern „zauberische“, fröhliche Sommerfeste

Von kleinen Hexen, unheimlichen Flattergespenstern und stampfenden Dinos

46 Wir feiern „zauberische“ Sommerfeste VORBEMERKUNG
48 Begrüßungsverse SPIELLIED
48 Im Kindergarten ist was los SPIELLIED
49 Das Spiellied von den Schloßgespenstern und den Waldhexen SPIELLIED
50 Die Hexe Flixi-Flaxi und der Kirchturmhahn ERZÄHLUNG – GESCHICHTE
52 Hexenbastelei BASTELVORSCHLAG
52 Hexischer Abzählvers ABZÄHLVERS
53 Fliegende Gespenster SINGSPIEL
54 Gespenster noch und noch BASTELVORSCHLÄGE
Lustige Nachtgespenster-Eulen
Gespenster für das Fenster
Gespenst am Bügel (Marionette)
56 Das kleine Nachtgespenst SPIELLIED
57 Gespensterspiel BEWEGUNGSSPIEL
58 Verdufte, böses Monster, aber schnell! ERZÄHLUNG – GESCHICHTE
60 Wenn es spukt in der Nacht – Kannst du reimen REIME/WORTERGÄNZUNGEN
61 Zauberspaß BEWEGUNGSSPIEL
62 Fingerspiel von den fünf Gespenstern FINGERSPIEL
62 Der Riesendrachen oder: Wenn das Dinokind Angst hat GEDICHT
63 Das hungrige Dinokind BEWEGUNGSSPIEL
63 Ist der große Dino da? BEWEGUNGSSPIEL
64 Wenn das Dinokind Geburtstag hat ERZÄHLUNG – GESCHICHTE
66 Bewegungsspiele im Dinoland BEWEGUNGSSPIELE
Rettet euch – die Flut kommt gleich
Nachtwanderung
67 Dinolied LIED
68 Dinos – Dinos – Dinos BASTELVORSCHLÄGE
Dino-Bronto Blättervielfraß
Lustige Dinomaske
69 Das Lied der Dinokinder LIED

Wir feiern „zauberische" Sommerfeste

Vorbemerkung: Tanja steht vor der Kostümkiste. Sie fischt sich einen lila Unterrock mit Spitzen, ein buntes Kopftuch mit Fransen und viele Klimperketten heraus. Laura hat ein großes altes Bettlaken mit Augenschlitzen gefunden. Nun stehen die beiden vor dem Spiegel und probieren alles aus. Dann stürzen sie zur Mutter und bestürmen sie. „Beim nächsten Geburtstag wollen wir ein Hexenfest feiern! Oder ein Gespensterfest!"

Die beiden entwickeln schon viele Ideen für Hexen- und Gespensterspiele im Garten, im abgedunkelten Kinderzimmer. – „Wir könnten ja auch Hexenmasken oder Gespenstermarionetten basteln." Und Ideen für die Beköstigung der eingeladenen Hexen und Gespenster fallen ihnen auch ganz spontan ein: feurige Hexensuppe aus Waldkräutern, Gespensternegerküsse mit aufgespritzten Gespensterfratzen und weiße Gespensterschokolade usw.

Auch im Kindergarten und in der Schule äußern die Kinder immer wieder Wünsche nach solchen phantasievollen „Gruselfesten". Sie sind viel motivierter und gehen mit noch mehr Eifer an die Vorbereitungen als bei Festen mit einem allgemein gehaltenen Titel, zum Beispiel Sommerfest mit Tieren, Sommerfest am Wasser und auf der Wiese ...

Sollten wir den Wunsch nach solchen „gruseligen" Kinderfesten ignorieren? Vielleicht mit der Begründung, unsere Kinder seien jeden Tag von so viel Bedrohlichem umgeben, angefangen von den Gefahren im Straßenverkehr bis hin zu den „neuen Helden" im Fernsehen, dem Alf, dem Batman, den Turtles, den ekligen Gummidinosauriern und Vampiren, daß wir sie nur mit „heilen", beruhigenden Eindrücken umgeben wollen?

Darin sind sich viele Kinderpsychologen einig, daß es eine Illusion ist, wenn wir meinen, gefährliche Gestalten für immer aus den Kinderzimmern verbannen zu können. Wir sollten vielmehr gemeinsam mit den Kindern die Möglichkeit schaffen, handelnd mit ihnen umzugehen.

Das magische Denken und Handeln, die Vorstellung, daß die Natur, die Dinge um uns beseelt sind, daß Lebewesen und Dinge in unserer Umgebung uns freundlich oder feindlich gesinnt sein können, ist eine Eigentümlichkeit des Kindes im Kindergarten- und Vorschulalter. Der Lieblingsbär hat Hunger oder Bauchschmerzen, die Puppe friert und braucht warme Socken, im Dunkeln werden Geister lebendig.

„Es gibt Gespenster, aber eigentlich auch nicht in echt, eigentlich nur bei Nacht." – „Ich mag mich gerne als Gespenst verkleiden." – Solche Kinderaussagen zeigen Besonderheiten des kindlichen Weltbildes: „das gleichzeitige Vorhandensein und Nichtvorhandensein magischer Gestalten, die gleichzeitige Verneinung und Bejahung: „Es gibt keine Gespenster, nur bei Nacht", wobei der angstmachenden magischen Figur ein bestimmter Zeitraum zugewiesen wird, innerhalb dessen sie existiert" (siehe Wolfram Ellwanger: Die Zauberwelt unserer Kinder, Verlag Herder).

Diese Kinderaussagen zeigen aber auch, daß die Kinder nach Möglichkeiten suchen, diesen oft bedrohlichen Wesen zu begegnen und ihrer Herr zu werden. Wenn wir als Erzieher unsere Kinder verstehen und ihnen in ihren geheimen Ängsten und Phantasievorstellungen helfen wollen, müssen wir ihre oft verschlüsselt ausgedrückten Botschaften ernst nehmen und uns mit ihren magischen Vorstellungen identifizieren. Wir dürfen nicht mit Gewalt solche Botschaften abblocken, wenn zum Beispiel Florian auf einmal nicht mehr in die Badewanne steigen will,

weil er Angst hat, mit dem abfließenden Badewasser durch das Abflußloch gesogen zu werden ...
oder wenn Lena abends Papierkügelchen in das Schlüsselloch stopft, damit kein Geist durchkommt ...
oder wenn Martin die Nachttischlampe nicht ausknipsen will, weil sonst ein Vampir oder ein Räuber erscheint.
Wir können solche Vorstellungen bei unseren Kindern nicht durch rationale Erklärungen wegdiskutieren. Sie entstehen bei den Entwicklungsschritten fast jedes Kindes von selbst. Wir können aber dem Kind helfen, mit Gespenstern, Vampiren, Hexen, bösen Geistern handelnd umzugehen, sozusagen Freundschaft mit ihnen zu schließen. Wir müssen den Kindern helfen, ihre Ängste auszudrücken, sie in Wort und Bild, in aktivem Tun zu gestalten. Auf diese Weise gleiten Angstzustände nicht ins Unbewußte ab, wo sie sich vergrößern, ausbreiten können und oft zu körperlichen Störungen führen (Einnässen, Magen-Darmbeschwerden, Schluck- und Atembeschwerden, Lidzucken usw.). Wenn die Kinder handelnd mit ihren Phantasiegestalten umgehen, sind sie selbst die „Regisseure“ und fühlen sich den angsteinflößenden Monstern nicht mehr ausgeliefert. Wenn Kinder im Kindergarten- und Schulalter von sich aus den Wunsch äußern, ein Hexen- oder ein Drachenfest zu veranstalten, sollten wir sie nicht ängstlich davon fernhalten, sondern ihnen Hilfestellung in ihrem kreativen Handeln geben.
Dabei sind die lautstark gesungenen Gespenster/Hexenlieder, zu denen noch getanzt werden kann, sozusagen ein „akustisches Bollwerk“ gegen manche Kinderängste, die uns bis ins Erwachsenenalter verfolgen können.
Wer hat von uns nicht schon selbst erlebt, daß man noch als Heranwachsender mitten im Keller plötzlich laut gesungen oder gepfiffen hat, um „böse Geister“ oder „Einbrecher“ aus den feuchten dunklen Kellerecken zu vertreiben.
Im folgenden gebe ich viele Impulse für phantasievolle Hexen/Gespenster/Dinofeste, die zum Beispiel als Abschluß des Kindergartenjahres mit den Eltern zusammen umgesetzt werden können.

Eine Fülle von weiterem Material für zauberische Kinderfeste ist zu finden in:

Cratzius/Edelkötter: Hexenschwanz und Rattentanz, Herold-Verlag

Cratzius/Edelkötter: Die Dinobande, Impulse-Verlag

Cratzius: Mein allerliebstes Bärenbuch, Loewes-Verlag

Christophorus-Verlag: Kommt zum Dinofest, Hobby + Werken, E. u. R. Fox.

Begrüßungsverse

(Zum Beispiel auf die Melodie: „Ein Vogel wollte Hochzeit machen ...“ zu singen.

Ein großes schönes Fest beginnt,
und alle hier beisammen sind.
Fiderallala ...

Herein, herein, wer lachen kann,
ein großes schönes Fest fängt an.
Fiderallala ...

Herein, herein, wer singen kann,
ein großes schönes Fest fängt an.
Fiderallala ...

Herein, herein, wer klatschen kann,
ein großes schönes Fest fängt an.
Fiderallala ...

Herein, herein, wer tanzen kann,
ein großes ...

Herein, herein, wer danken kann,
ein großes ...

Herein, herein, wer loben kann,
ein großes ...

Hierzu lassen sich auch viele eigene Strophen ausdenken.

Im Kindergarten ist was los

Nach der gleichen Melodie wie bei den Begrüßungsversen können wir mit diesem Spiellied weiterfahren. Statt: „Auf unserm Festplatz“ kann der genauere Ort eingesetzt werden, zum Beispiel: „Im Kindergarten ...“ oder „In unserer Schule ...“.

Im Kindergarten ist was los,
die Freude ist heut riesengroß!
Heute feiern wir,
seht Girlanden hier!
Und wir laden alle ein!

Im Kindergarten ist was los,
die Freude ist heut riesengroß!
Heute feiern wir,
seht Indianer hier!
Und wir laden alle ein!

Statt „Indianer“ können in weiteren Strophen eingesetzt werden:

Piraten, Astronauten, die Ritter, die Katze, die Hunde, die Tiger, Elefanten, die Mäuse, die Hexen, Gespenster usw.
Und wir laden alle ein!

Bei jeder neuen Strophe treten die genannten Kinder in den Kreis, verneigen sich, drehen sich herum; stampfend, trippelnd usw. stellen sie sich vor, während die Zuschauer klatschen.

Das Spiellied von den Schloßgespenstern und den Waldhexen

Zunächst erzählt die Erzieherin den Kindern, daß in einem alten Schloß viele *Gespensterkinder* wohnen, die aus dem Turmfenster hinausgucken. Sie möchten so gern herumschweben, herumgeistern.
Das dürfen sie aber erst, wenn die Turmuhr 12 schlägt.
Wir lassen vom Triangel (Glockenspiel) die Schläge erklingen; einige Kinder können schon bis fünf oder weiter mitzählen. – Danach geht das Spiel los. Eine Variante wäre, daß die *Hexenkinder* aus dem Hexenhaus herausschauen. Auch beim Hexenspiel können wir die 12 Schläge ertönen lassen, diesmal vielleicht von einem Holzblockinstrument oder einer „Hexentrommel".
Bei diesem Spiellied hocken die Kinder hinter dem Stuhl und gucken aus dem „Stuhlfenster", unter der Lehne hervor.
Die Erzieherin oder ein Kind tanzen, schweben zunächst allein im Kreis herum. Dazu kann eine wilde Gespenstermusik von der Kassette eingespielt werden. Nach einer Weile bricht die Musik ab, die Kinder singen ihre Gespenster- und Hexenstrophen. Dann wird am Schluß von der Erzieherin oder von einem Kind ein Mitspieler aus dem Stuhlkreis angeschlagen. Dazu strecken die Kinder ihre Hand aus dem „Fenster" heraus. Das Kind tanzt hinter der Erzieherin her. Am Schluß tanzen und schweben alle Kinder herum.
Der Platz im Stuhlkreis wird immer enger, daher tanzen und schweben die Kinder frei im Raum. – Damit die Melodie sofort ins Ohr geht und alle Mitspieler spontan mitsingen können, schlage ich vor, die Texte auf die bekannte Melodie: „Horch, was kommt von draußen rein" zu singen. – Es kann aber auch eine eigene Melodie gewählt werden.

Sag doch mal, ob du mich kennst, hollahi, hollaho,
ich bin das kleine Schloßgespenst, hollahi, haho.
Komm doch mit, bin so allein, hollahi, hollaho,
schweb doch mit, was kann schöner sein? hollahi, haho.

oder:
flieg doch mit ...

oder:
tanz doch mit ...

oder:
Tief im Wald im Hexenhaus, hollahi, hollaho,
tanzen wir bei Sturmgebraus, hollahi, haho.
Komm doch mit, bin so allein, hollahi, hollaho,
tanz doch mit, was kann schöner sein? hollahi, haho.

oder:
flieg ...
spring ...
schleich ...
zauber ...
hex ...

Die Hexe Flixi-Flaxi und der Kirchturmhahn

Die kleine Hexe Flixi-Flaxi konnte wirklich alles am besten. Sie kochte die beste Hexensuppe weit und breit.
Hm! Das duftete nach Fliegenpilz, Mäusehaaren und Rattenschwänzen! Und sie verhexte sich nie!
Ganz neidisch wurde die Hexe Klexi, die in der Schule herumhexte und alles falsch machte. Sie hatte in der Biologiestunde aus Versehen der ausgestopften Maus einen bunten Pfauenschwanz angehext und dem Eichhörnchen einen langen Elefantenrüssel.
Die Kreide an der Tafel hörte nicht auf herumzuschmieren, weil sie das richtige Wort vergessen hatte. In den Schulheften der Kinder bekamen alle Worte, die mit „H“ anfingen, rotlila Tintenkleckse. Die Oberhexe hatte alle Mühe, die Fehler der Schulhexe wieder auszubügeln. Und die kleine Schulhexe mußte drei Wochen im Hexenhaus nachsitzen.
Und noch schlimmer machte es die Zoohexe Zoxi. Die brachte es doch fertig, daß die Delphine wie fliegende Fische über den Affenkäfig segelten. Und den Kindern, die am Löwenkäfig Eis lutschten, steckte sie statt Eis gelbe Löwenzahnblüten in die Eistüte. Wütend warfen die Kinder sie ins Löwengehege. Das fanden die kleinen Löwen so lustig, daß sie mit ihren Pfoten danach patschten, bis sie allesamt in den Löwengraben purzelten.
„Nun ist Schluß!“ schrie die Oberhexe und sperrte Zoxi ins Hexenhaus ein.
Nur der kleinen Hexe Flixi-Flaxi passierte nie etwas. Sie hexte auch nicht in der Schule oder im Zoo herum – ihr gehörte das Reich der Lüfte. Da war sie Weltmeisterin! Aber nicht mit dem Besen – nein –, sie hatte sich einen tollen Heißluftballon gezaubert. Ein bunt bemalter Hexenkorb gefüllt mit Sandsäcken aus Moorschlamm hing an 13 festen Nylonfäden. Sie hatte genug Proviant hineingepackt: stinkenden Hexenbraten aus Schweineschwarte, Mäusezähnen und Eulenfedern und roten Hexenwein aus Tollkirschen. Der lilagrüne Ballon gefüllt mit Hexenluft stieg höher und höher, wenn ihr kleiner Hexendrachen ordentlich Feuer hineinblies. „Hi – hu – hui“ heulte sie und erschreckte die Fledermäuse oben im Kirchturm.
Aber eines Tages passierte der kleinen Hexe Flixi-Flaxi doch etwas. Gerade war ein fliegender Teppich aus Damaskus an ihr vorbeigeschaukelt. Sie hatte ihm 13 Hexenkußhände zugeworfen und nicht auf den Weg geachtet.
Hui, patsch! Da hing der Ballon aufgeschlitzt am Schwanz vom Kirchturmhahn. Und der Wind griff in ihre vielen lila Hexenunterröcke und pustete sie geradewegs auf den stolzen Hahnenkamm. Der Hahn fing vor Wut ganz laut an zu krähen. Da liefen die Leute unten auf der Straße zusammen. Sie bogen sich vor Lachen, als sie die Hexe Flixi-Flaxi da oben zappeln sahen.
Und wenn die alte Oberhexe nicht ein Einsehen gehabt hätte, dann würde sie wohl heute noch da oben hängen. Schade, wir hätten sie gern gesehen – du und ich –, nicht wahr?

Hexenbastelei

Lustiger Hexentanz

Ihr braucht: Tapetenreste (möglichst mir roten Mustern), Tonpapier in rot und orange, Wollfäden (rot und schwarz), Schere, Schaschlikspieße oder Strohhalme

Ihr schneidet aus den Tapetenresten einen Kreis und faltet ihn zweimal (siehe Zeichnung). An den unteren Rand klebt ihr die Stiefel der Hexe (rotes Tonpapier).
Zwischen das rote Kopftuch wird das Gesicht (Profil) mit langer Hakennase und spitzem Kinn geklebt. Über die Stirn klebt ihr Strubbelhaare aus Wollresten oder Tonpapier.
Nun wird der „Besen" (Schaschlikspieß oder Strohhalm) durch den Hexenrock geschoben. Ihr klebt hinten Wollhaare oder Borsten an.
Nun können eure Hexen am Fenster oder frei im Raum herumtanzen.

(*A. Engleder*, Kindergarten Bad Birnbach)

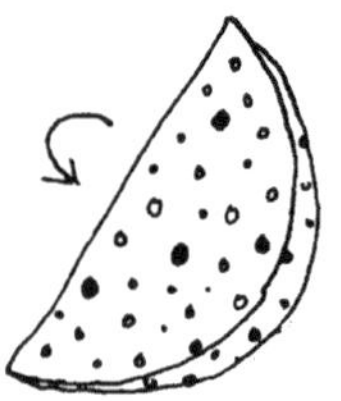

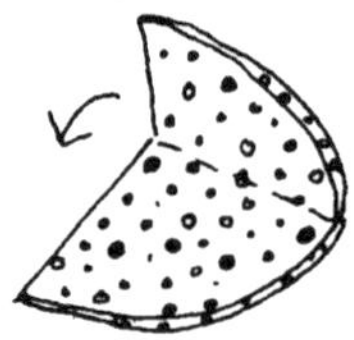

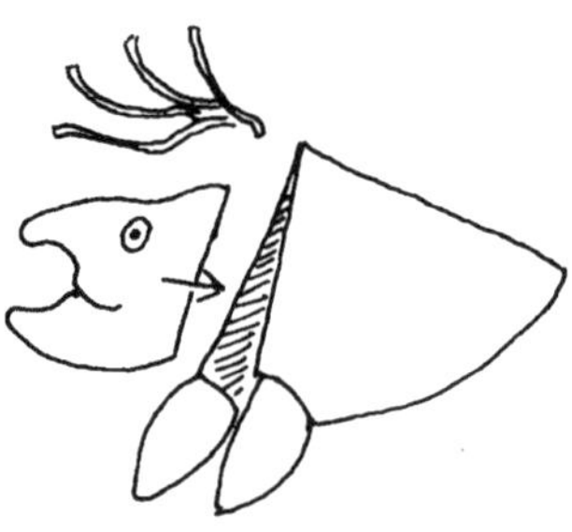

Hexischer Abzählvers

Ritsche – ratsche – rei,
1 + 1 = 2,
rutsche – ratsche – rei,
2 + 1 = 3,
flitsche – flutsche – flier,
3 + 1 = 4,
zitsche – zatsche – zümpf,
4 + 1 = 5.
Hixe – haxe – hex,
5 + 1 = 6.
Hixe – haxe – hüben,
6 + 1 = 7.
Sieben keine wilde Hexen,
mögen manschen, trampeln, klecksen,
heulen wild die ganze Nacht,
haben Hexenspaß gemacht.
Genug, ihr Hexlein, nun ist's aus.
Ich sperr' euch ein ins Hexenhaus.
Hui – da ist das Heulen groß.
(alle Kinder heulen mit)
Und morgen geht's von vorne los!

Fliegende Gespenster

Wir malen auf weiße Tücher mit Leuchtfarbe gruselige Gespenstergesichter auf. Dann schlagen wir das Tuch um einen aufgeblasenen Luftballon und kleben es von innen daran fest. Nun knipsen wir das Licht aus, lassen unsere Ballongespenster steigen und singen nach der Melodie: Lustig ist das Zigeunerleben:

Lustig ist das Gespensterleben,
hui und hui und ho.
Ach, was kann es wohl Schönres geben,
hui und hui und ho.
Schweben wir hoch im wilden Sturm
in dem dunklen Gespensterturm,
hui und hui, hui und hui,
hu und hui und ho.

Lustig ist das Gespensterleben,
hui und hui und ho.
Ach, was kann es wohl Schönres geben,
hui und hui und ho.
Sind um zwölf Uhr wir erwacht,
spuken wir zur Mitternacht,
hui und hui, hui und hui,
hui und hui und ho.

Lustig ist das Gespensterleben,
hui und hui und ho.
Ach, was kann es wohl Schönres geben,
hui und hui und ho.
Eule, Kauz und Fledermaus,
spuken mit im Geisterhaus,
hui und hui, hui und hui,
hui und hui und ho.

Lustig ist das Gespensterleben,
hui und hui und ho.
Ach, was kann es wohl Schönres geben,
hui und hui und ho.
Horcht, wir rasseln und stöhnen hier,
klopfen den Rittern ans Visier,
hui und hui, hui und hui,
hui und hui und ho.

Lustig ist das Gespensterleben,
hui und hui und ho.
Ach, was kann es wohl Schönres geben,
hui und hui und ho.
Schließ nur feste deine Tür,
morgen spuken wir auch bei *dir*!
Hui und hui, hui und hui,
hui und hui und ho.

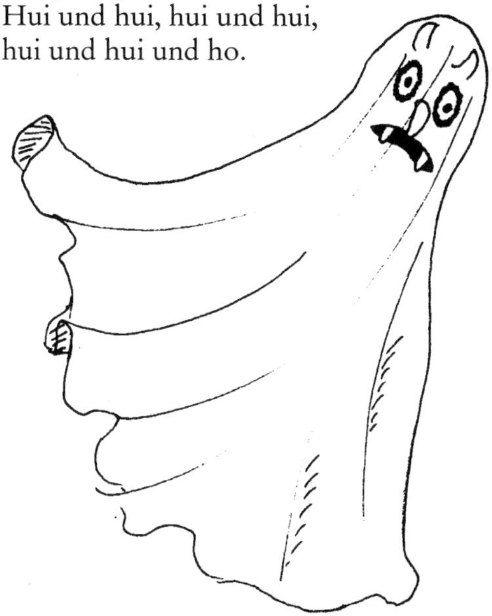

Gespenster noch und noch

Lustige Nachtgespenster-Eulen

Ihr braucht: Eierkartons, Wellpappe, braunes Tonpapier, Deckweiß, schwarze und hellbraune Plakafarbe, Schere, Bleistift

Ihr schneidet aus den Eierkartons für den Eulenkörper vier bis sechs Segmente aus und bemalt sie mit schwarzen, weißen und hellbraunen Tupfen und Streifen. An den unteren Rand klebt ihr die „Krallen“ aus buntem Tonpapier.
Für den Kopf beklebt ihr eine passende kleine Käseschachtel mit Wellpappe und malt sie schwarz an. Für die Augen bemalt ihr kleine Pappkreise mit hellbrauner Farbe und malt eine schwarze Pupille und weiße „Federn“ hinein. Nun werden die Augen und die hellbraunen „Federbüschel“ (aus Tonpapier) aufgeklebt.
Eure Gespenster-Eulen können nun an der Wand auf dekorativ drapierten Zweigen hocken oder frei an der Wand oder am Fenster hängen.

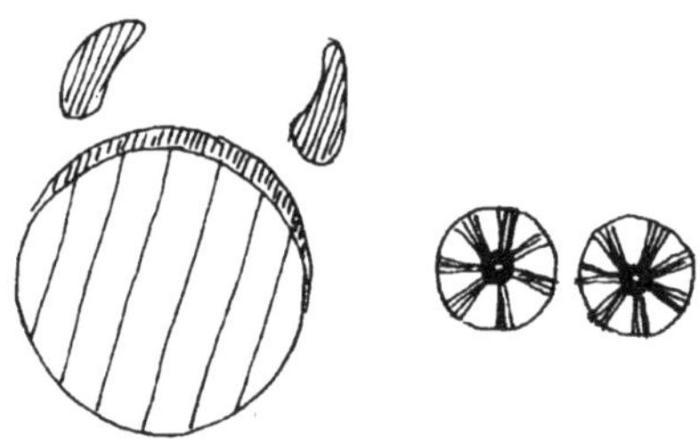

(*I. Leiter* und *A. Tappeiner*, Kindergarten Partschins, Südtirol)

Gespenster für das Fenster

Du **benötigst**: weißes Küchenpapier oder Serviette, dünnes Band/Wolle, schwarzen Filzstift, Nadel und Schere

Dieses Gespenst ist ganz schnell gebastelt:
Du nimmst 2 Blatt weißes Küchenpapier und knüllst 1 Blatt zu einer Kugel zusammen (Kopf). Das zweite Blatt legst du so vor dich auf den Tisch, daß eine Ecke auf dich zeigt. Genau in die Mitte legst du die Papierkugel, klappst die obere Ecke auf die untere und faßt mit deiner Hand um die eingepackte Kugel. Alle Ecken zeigen nun nach unten. Mit einem Stück Band bindest du den Gespensterkopf ab und machst einen festen Knoten.
Das Gespenst bekommt Augen und Mund mit einem Filzstift aufgemalt. Oben durch den Kopf ziehst du ein Stück Band zum Aufhängen oder Tragen.
Aus einem Stück Papiertaschentuch kannst du ein ganz kleines Mini-Gespenst basteln und in eine Streichholzschachtel kleben!

(U. Weber)

Gespenst am Bügel (Marionette)

Du **benötigst**: 1 Kleiderbügel mit seitlichen Schlaufenhaltern (schwarze Plastikbügel werden in vielen Textilgeschäften kostenlos abgegeben!), 1 Stck weißer Storestoff ca. 90 x 90 cm, alte Strumpfhosen oder andere Stoffreste, weißer Stoffrest, 2 Wackelaugen (Bastelgeschäft) oder 2 Knöpfe, 1 schwarzer Filzstift, weißer Zwirn, Nadel und Gummifaden

Aus den alten Strumpfhosen oder anderen Stoffresten formst du eine dicke Kugel, die zum Schluß in weißen Stoff eingewickelt werden muß.
Den Storestoff legst du so übereinander, daß ein Dreieck entsteht. Genau in die Mitte wird die Stoffkugel geschoben und dann der Storestoff unter der Kugel mit dem Zwirn abgebunden.
Die beiden seitlichen Zipfel ziehst du durch die Kerben im Bügel und nähst sie mit einigen Stichen fest. Du kannst auch einen Knoten machen:
Jetzt hat dein Gespenst schon Arme! Oben durch den Kopf ziehst du den Gummifaden. Es müssen zwei Schlaufen entstehen: Eine der Schlaufen ziehst du von hinten und die andere von vorn über den Bügelhaken.
Die Augen klebst du auf oder nähst sie an.
Dein Gespenst bekommt mit dem schwarzen Filzstift einen Mund aufgemalt und ist fertig zum Spielen!

(U. Weber)

Das kleine Nachtgespenst

Text: Barbara Cratzius
Musik: Ludger Edelkötter

Bei diesem Lied der Nachtgespenster können die Kinder (mit langen Laken [Mund- und Augenschlitze]) mit ihren Laternen durch den abgedunkelten Raum geistern.
Am Schluß stellen sie die Laternen auf den Boden, legen sich hin und schlafen ein. Die begleitende Musik bricht ab.
Das Spiel beginnt von neuem, wenn auf ein Klangsignal hin ein Gespenst sich erhebt und neue Gespensterkinder aus dem Stuhlkreis durch Antippen aussucht.
Dann übernehmen die ehemaligen Gespensterkinder die rhythmische Begleitung (Raschelbüchsen, Blecheimer, Schlüsselbunde, Becher, Glockenspiel [tiefe Töne]).

Gespensterspiel

Nach der Melodie: Meister Jakob

Liebes Gespensterchen,
liebes Gespensterchen,
komm zu mir,
komm zu mir!
Reich mir deine Zipfel,
reich mir deine Hände.
Ich tanz mit dir!

Auf der einen Seite des Raumes sitzen die Gespensterkinder, auf der anderen Seite die unverkleideten Kinder.
Wenn die Gespensterkinder auf die andere Seite flattern, gibt es ein lustiges, gruseliges Bild. Dann schließt sich ein fröhlicher Gespenstertanz (Kassette zum nebenstehenden Lied) an.

Ob du's kennst, ob du's kennst?
Da tanzt das kleine Nachtgespenst.
Das tanzt und geistert hin und her,
heult und poltert immer mehr.
Hu-hu, hu-hu,
das tanzt und geistert hin und her.
Hu-hu, hu-hu,
heult und poltert immer mehr.

Ob du's kennst, ob du's kennst?
Da schwebt das kleine Nachtgespenst
grad hoch und nieder durch die Nacht,
hat uns alle wachgemacht.
Hu-hu, hu-hu,
grad hoch und nieder durch die Nacht.
Hu-hu, hu-hu,
hat uns alle wachgemacht.

Ob du's kennst, ob du's kennst?
Jetzt träumt das kleine Nachtgespenst.
Es kommt im Wolkenbett zur Ruh
und macht seine Augen zu.
Hu-hu, hu-hu,
es kommt im Wolkenbett zur Ruh.
Hu-hu, hu-hu,
und macht seine Augen zu.

Verdufte, böses Monster, aber schnell!

Lukas hat im Kindergarten mit Salzteig geknetet. Das hat viel Spaß gemacht. Heute darf er den Kasperkopf, die Schnecke und den tollen Dino mit den Zacken auf dem Rücken und dem Schwanz mit nach Hause nehmen. Er stellt sie vor sein Fenster im Kinderzimmer. Vom Bett aus kann er sie ganz gut sehen.

Das Mondlicht fällt durch die Scheiben. Die Zacken von dem Dino stehen scharf und deutlich vor dem Nachthimmel. Dunkel und schwer erscheint der langgestreckte Körper.

„Morgen knete ich noch mehr Dinos", denkt Lukas. „Eine ganze Herde! Dinos sind doch meine Lieblingstiere. Und vielleicht knete ich noch den Kasperkopf und eine Hexe dazu!"

Mitten in der Nacht wacht Lukas auf. Der Dino ist verschwunden. Aber auf dem Bord an der Wand gegenüber hockt ein Monster. Gerade vor dem dunklen Fleck an der Tapete. Wo der große Bruder mal mit der Wasserpistole hingespritzt hat. Das war schmutziges Tuschwasser gewesen. Oh – hat die Mutter damals geschimpft!

Das Monster streckt seine Arme aus. Eklige dünne Finger hat es. Dann krächzt es: „Wehe, wenn du morgen noch einen Dino und einen Kasperkopf und eine Hexe knetest! – Monster, Monster sollst du machen! Hinter jedem Gebüsch will ich hocken, wenn es dunkel wird. In den dunklen Ecken und Winkeln der Schränke, hinter der quietschenden Kellertür, unter dem Schrank, hinter der Gardine – überall will ich hocken und die Kinder erschrecken.

„Nein!" schreit Lukas und will unter die Bettdecke kriechen. Aber seine Beine und Arme sind ganz starr vor Angst. Er kann sich überhaupt nicht rühren.

Da hört er plötzlich eine lustige Stimme: „Tri-tra-trallala, Kasperle ist wieder da!"

Hui – der Kasperkopf vom Fensterbrett hat plötzlich eine lustige Mütze auf und einen weiten karierten Kittel an. In der Hand hält er seinen Kasperstock und tanzt auf der Bettdecke hin und her.

„Nicht verzagen – Kasper fragen!" ruft er fröhlich. Mit seinem Kasperstock verdrischt er das böse Monster und schreit ihm zornig zu:

Los, verdufte, aber schnell!
Hui, verschwinde auf der Stell!
Vor dem Fenster ist Dinos' Platz,
hui und hopp – mit einem Satz!

Lukas schaut zum Fensterbrett. Da steht unbeweglich sein Dino mit den langen Rückenstacheln. Das Monster ist verschwunden.

„Nochmal gutgegangen!" seufzt Lukas. „Kasper, das hast du toll gemacht! Und morgen knete ich für dich noch die Gretel und den Seppl und die Großmutter! Und eine lustige Hexe! Aber bestimmt kein Monster!"

Und schon ist Lukas wieder eingeschlafen.

Wenn es spukt in der Nacht – Kannst du reimen?

Klipper-klapper, vor dem Fenster	
sag mal, lauern da …	Gespenster?
Schweben, flattern um das Haus,	
strecken mir die Zunge …	raus?
Hexen, Hexen, könnt ihr's hören?	
Ich bin stark und kann mich …	wehren.
Was sind das für weiße Dinger?	
Rauch oder Gespenster…	finger?
Trippelt's da nicht um das Haus?	
Piepst und scharrt da nicht 'ne …	Maus?
Ich bin stark und kann mich …	wehren.
Vor dem Kasperletheater	
mauzt und reckt sich Mink, mein …	Kater.
Kichern Hexen schadenfroh?	
Kneift mich eine in den …	Po?
Hexen, Hexen, könnt ihr's hören?	
Ich bin stark und kann mich …	wehren.
Ob sie auf dem Besen tanzen?	
Öffnen sie jetzt meinen …	Ranzen?
Holen Buntstifte heraus	
und die neue Aufzieh…	maus?
Hexen, Hexen, könnt ihr's hören?	
Ich bin stark und kann mich …	wehren.
Klauen sie den Teddybären?	
Oh – ich werd mich tüchtig …	wehren.
Ich reit' auf meinem Schaukelpferd,	
Tennisschläger ist mein …	Schwert.
Hexen, Hexen, könnt ihr's hören?	
Ich bin stark und kann mich …	wehren.

Spielimpuls: Diese gereimten Verse können wir nachspielen. Die Hexen fliegen auf ihren Hexenbesen mit wehenden Röcken im Raum herum. Ein Kind hat einen Tennisschläger als „Waffe" in der Hand. Wenn es eine Hexe damit berührt, muß sie sich „wie versteinert" hinsetzen.
Wir können auch ein großes Collagenbild oder viele kleine Hexenbilder anfertigen.
Wenn wir auf diese Weise handelnd mit solchen „unheimlichen" Texten umgehen, können Kinderängste abgebaut werden.
Dieses Lied gibt es in der Vertonung von Ludger Edelkötter in dem Buch von B. Cratzius: „Hexenschwanz und Rattentanz", Herold-Verlag, und auf der gleichnamigen Kassette im Impulse-Verlag.

Hexen, so, jetzt wird euch bange!
Ich hab' auch noch eine … Zange
von dem großen Bruder Klaus,
kneif den Wackelzahn euch … raus.
Hexen, Hexen, könnt ihr's hören?
Ich bin stark und kann mich … wehren.

So, jetzt ist hier endlich Ruhe!
Ich setz' stolz mich auf die … Truhe.
Hexen, Hexen, wie der Wind
fliegen jetzt nach Haus … geschwind!
Ja, ihr wilden Hexengeister,
hier steht euer Hexen… meister.

Zauberspaß

Schaut her, was ich kann!
Ich fang' zu flattern an!
Viele Hexen flink und froh
machen es gleich ebenso.

Schaut her, was ich kann!
Ich fang' zu heulen an!
Viele Hexen flink und froh
machen es gleich ebenso.

Schaut her, was ich kann!
Ich fang' zu zaubern an!
hüpfen …
tanzen …
usw.

Die Kinder sitzen im Kreis. Ein Kind steht als Hexe oder Gespenst in der Mitte und macht ausdrucksstarke verschiedene unheimliche Bewegungen oder Geräusche vor; die anderen Kinder ahmen es nach.

Fingerspiel von den fünf Gespenstern

Fünf Gespenster, fünf Gespenster
hocken heut vor meinem Fenster.
Das erste (Daumen) klopft ganz kräftig an.
Ob ich heut bei dir spuken kann?
Das zweite schreit ganz laut: „Hu-hu,
ihr kriegt heut nacht gar keine Ruh!“
Das dritte will den Tanz beginnen
hoch auf den steilen Mauerzinnen.
Das vierte ruft: „Ich weck’ die Eulen,
die solln die ganze Nacht laut heulen!“
Das fünfte, das kleinste, schaut auf die Uhr:
„Zu Ende ist die Gespenstertour!
Wir flattern aus dem Fenster raus,
die Geisterstunde, die ist aus.
Wir gehn jetzt schlafen hoch oben im Schloß,
und morgen geht’s von vorne los.“

Wir malen die fünf Fingerspitzen mit weißer Fingerfarbe an und setzen mit dunklem Filzstift Augen und Mund hinein. Nun recken wir die Finger nacheinander hoch. Am Schluß schließen wir die Hand wieder zur Faust.

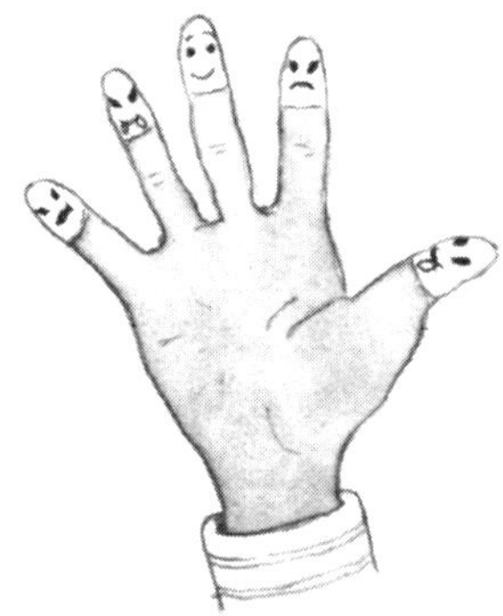

Der Riesendrachen oder: Wenn das Dinokind Angst hat

Was hat Lisa da mitgebracht?
Ich konnt’ nicht schlafen die ganze Nacht.
O weh – was hängt da an der Leine!
Ein Ungeheuer – ohne Beine,
mit einem Riesenrachen:
ein feuerroter Drachen!
Hat spitze scharfe Zähne
und aus Schleifen eine Mähne.
Du Ungeheuer,
speist du Feuer?
Ich hab’ so Angst vor dir,
komm nicht zu nahe mir!
Ach nein, ach nein,
ich bin doch nur ein kleines, sanftes,
liebes grünes Dinoschmusetier!

Das hungrige Dinokind

Die Kinder gehen um den Dino herum, der schmatzt und rülpst und pantomimisch frißt. Am Schluß springt er auf und versucht, die Kinder anzuschlagen. Diese müssen sich hinter eine schützende Linie (aus Kreppapier) zurückziehen. Wer angeschlagen ist, setzt sich mit zum Dino und schlägt ebenfalls die Kinder ab. Wer übrig bleibt, ist Dinokönig. Er bekommt einen Blätterkranz aufgesetzt und darf ein neues Spiel vorschlagen.

Tief im Matsch
sitzt der Riesendino Platsch.
Er hat heut so viel gegessen.
Er hat sich fast überfressen.
Fünf Gingkobäume fraß er leer,
4 Zentner Steine hinterher.
Auch Kokosnüsse, dick und schwer,
dann paßte wirklich gar nichts mehr.
Ob er nun doch noch hungrig ist?
Paßt auf, daß er euch nicht noch frißt!

Ist der große Dino da?

Die Kinder gehen im Kreis herum. Das Dinokind geht außen herum. Es schlägt nacheinander drei Kinder an, das dritte Kind muß ihm nachfolgen. Das Spiel kann so lange fortgesetzt werden, bis noch drei Kinder übrigbleiben. Diese wählen durch Abzählen den neuen Dino-Vers zum Herumgehen.

Ist der große Dino da? Ja, ja, ja.
Dreimal muß er rummarschieren,
darf nicht seinen Schwanz verlieren.
Der erste nicht, der zweite nicht,
der dritte muß mit rummarschieren.

Wenn ein Dinokind Geburtstag hat

„Aufstehen, ihr Faulpelze!“ ruft Lisa und springt aus dem Bett. „Heut nacht wird Geburtstag gefeiert! Richtig mit Schönanziehen und Geschenken und Kerzen!“
„Wer hat denn heut Geburtstag?“ fragt Zotti, das Zebra, und gähnt. Und Brommel, der dicke, braune Brommelbär, brummt: „Ich hab’ erst vorige Woche Geburtstag gehabt. Das reicht mir noch! Mein Knopf vorn am Bauch ist immer noch nicht angenäht. Das war vielleicht eine wilde Toberei!“
„Hör auf mit Stänkern!“ ruft Lisa, und schon hat sie ihre Jeans und den Pulli übergestreift. Dann langt sie sich Dunei, das Sauriermädchen, vom Bord herunter. „Happy birthday to you!“ singt sie ganz laut. Die anderen Schmusetiere Bronta und Stego maulen: „Und wir? Wir wollen auch Geburtstag haben!“
„Ihr seid die Geburtstagsgäste!“ ruft Lisa. „Los! Schön anziehen!“
„Hol mal deine Kostümkiste her! Ich will selber was aussuchen!“ ruft Stego. Und dann läßt er sich von Bronta schöne weiße Tüllstreifen um die Stacheln am Schwanz binden. Oben auf die Rückenplatten kommen noch kunterbunte Bänder.
„Toll siehst du aus!“ ruft Lisa. „Wie ein lustiges Kindersegelschiff!“
„Ich will auch aufs Meer!“ ruft Bronta.

„Ich bin der Saurierpirat mit Augenklappen und Jeans und Ledergürtel! Und einen Bart kannst du mir auch anmalen!"
Das Geburtstagskind Dunei hat sich was Besonderes ausgedacht. „Ich will auch mal was andres sein!" ruft sie. „Mein langer grüner Hals gefällt mir nicht mehr! Du hast doch noch die Kartonmasken vom Kinderfest!"
Da schleppt Lisa die lustigen Tiermasken herbei. Dunei probiert vor dem großen Spiegel alles aus. Soll sie ein Elefant mit langem Rüssel sein? Oder ein lustiges Schwein? Oder ein Roboter? „Ich bin ein Känguruh mit einem tollen gelben Hals und braunen Flecken drauf!" ruft sie. „Lisa kann mir noch eine rote Schleife um den Hals binden!"
„Jetzt seid ihr schön!" ruft Lisa. „Das Geburtstagskind darf nun die Geschenke auspacken!" Sie stellt den großen Wäschekorb vor Dunei hin. Drei Lagen Klopapier hat sie herumgeschlungen. Oh – da kommt eine bunte Riesenschlange heraus, die ringelt sich dreimal um das Kaspertheater.
„Toll!" ruft Dunei. „Und die vielen Steine, alle in Seidenpapier eingewickelt! Du bist Spitze, Lisa!"
„Nun machen wir die Geburtstagskerzen an, bloß nicht in echt, das ist zu gefährlich", sagt Lisa. „Dann essen wir Kompott mit Entengrütze und Schlammkuchen! Und danach wird getanzt! Schön wild! Ich hab' so tolle Urwaldmusik auf der Kassette!"
Als die Mutter am nächsten Morgen ins Kinderzimmer kommt, stolpert sie fast über die umgestürzten Stühle, über die Riesenschlange und die Tüllgardine.
„Was war denn heut nacht hier los?" fragt sie verwundert. „Dino-Geburtstag!" ruft Lisa lachend und reibt sich die Augen. „War toll! Bloß blöd, daß die faulen Saurierkinder nachher nicht wieder aufräumen wollen! Ich glaub', das haben sie von mir gelernt!"

Diese Geschichte lädt eine Kindergruppe zu vielen weiterführenden Aktivitäten ein: Verkleidung, mit Masken spielen usw.

Bewegungsspiele im Dinoland

Rettet euch – die Flut kommt gleich!

Die Dinokinder sind vielen Gefahren ausgesetzt. Die Dinomütter versuchen, ihre Kinder zu schützen.
Wir spielen die Dinolieder von der Dino-Kassette ein, und alle Spieler laufen und stampfen als Dinokinder im Raum umher. – Plötzlich bricht die Musik ab, und eine Dinomutter (Spielleiterin) ruft: „Rettet euch – die Flut kommt gleich!"
Ihr versucht, schnell auf die Bänke, Stühle usw. zu flüchten. Wer es nicht geschafft hat, wenn die Musik wieder einsetzt, setzt sich außen hin, ihn hat die Flut erwischt.
Die Dinokinder stampfen wieder umher, bis die Musik wieder abbricht. Die Dinomutter ruft: „Rettet euch – der Sandsturm kommt gleich!"
Nun versucht ihr, unter die Decken zu kriechen, die seitlich ausgebreitet sind. – Wer keine rettende Decke erwischt hat, muß ausscheiden.
Beim nächsten Warnruf: „Rettet euch – der Steinschlag kommt gleich!" versucht ihr, unter die Bänke und Tische zu kriechen.
Beim Vulkanausbruch, vor dem mit dem Ruf: „Rettet euch – der Vulkan kommt gleich!" gewarnt wird, versucht ihr, unter eine große Plane zu kriechen (Wasser), die seitlich aufgerollt ist.
Ihr könnt euch noch andere Gefahrenquellen im Dinoland ausdenken (Gewitter, Raubsaurier, Erdbeben usw.).
Die Dinolieder (einschließlich dem „Einschlaflied") befinden sich auf der Kassette „Die Dinobande". Text: B. Cratzius, Musik: L. Edelkötter, IMPULSE Musikverlag Ludger Edelkötter.

Nachtwanderung

Zwei Dinokinder haben sich verlaufen. Es ist Nacht geworden. Ängstlich ducken sie sich ins tiefe Unterholz. Die Eltern haben verboten, spät abends noch draußen im Wald herumzulaufen. Da lauern die gefährlichen Raubsaurier.
Es fassen sich immer zwei Dinokinder an die Hand. Das eine Dinokind bekommt eine Taschenlampe. Das andere Kind hat die Augen geschlossen und wird geführt.
Während ein sehr ruhiges Dinolied (z.B. das Einschlaflied) gespielt wird, versuchen die Dinokinder pantomimisch, über Baumstämme zu klettern, über Felsen zu steigen, über einen Bach zu springen, durch Sümpfe zu waten, einem Sandsturm zu entkommen, durch dichtes Gestrüpp sich hindurchzuwinden. Das sehende Dinokind nennt dem Partner immer die entsprechenden Situationen.
Endlich haben die Dinos die schützende Höhle gefunden, wo die Dinoeltern sie erwarten, sie liebevoll streicheln und sie zur Ruhe betten.
Wenn der Mond aufgeht (ein Kind kann mit einer selbstgebastelten Mondscheibe, die an einem langen Stock befestigt ist, vorbeigehen), schlafen die Dinokinder ein.
Um Mitternacht (12 Schläge mit dem Triangel oder Glockenspiel) werden die Rollen gewechselt.

Dinolied

Auf die Melodie: „Ach, du lieber Augustin“ zu singen.

Kommt doch mit ins Dinoland, Dinoland, Dinoland.
Kommt doch mit ins Dinoland, alle herbei!
Reich mir die Dinohand,
stapfen wir durch den Sand!
Kommt doch mit ins Dinoland, alle herbei!

Kommt doch mit ins Dinoland, Dinoland, Dinoland.
Kommt …
Stampfen wir wild im Matsch,
heulen wir, machen Quatsch.
Kommt …

Kommt doch mit ins Dinoland, Dinoland, Dinoland.
Kommt …
Kokosnuß wolln wir klaun,
die hängt so hoch am Baum.
Kommt …

Kommt doch mit …
Kommt …
Her mit dem Dino-Ei,
gut schmeckt der Eierbrei!
Kommt …

Kommt doch mit …
Kommt …
Keiner mich ärgern darf,
Krallenpaar, das ist scharf.
Kommt …

Kommt doch mit …
Kommt …
Dino, komm her zu mir!
Du bist mein Lieblingstier!
Kommt …

Zu Beginn eines Dinofestes, während eurer Dinobasteleien oder vor einem zünftigen „Dinoessen“ könnt ihr dieses „Liebeslied“ für alle Dinos anstimmen.

Dinos – Dinos – Dinos

Dino-Bronto Blättervielfraß

Ihr braucht: Grünes und rotes Tonpapier, Schere, Musterklammern, Filzschreiber, rot-weiße Wollkordel

Dieser lustige Dino besteht aus acht einzelnen Teilen. Ihr malt euch alle Teile (siehe Zeichnung) doppelt auf und schneidet sie aus. Zwischen die beide Kopfteile klebt ihr die Wuschelhaare. Dann klebt ihr das große Dinoauge (weiß mit schwarzer Pupille) auf. Zwischen Brust- und Bauchteil klebt ihr jeweils die roten Rückenstacheln. Dann heftet ihr die Teile mit Musterklammern zusammen. Nun sind sie beweglich, und euer Dino kann die lustigsten Verrenkungen beim Fressen, Laufen und Kämpfen ausführen.

(*A. von Rohden*)

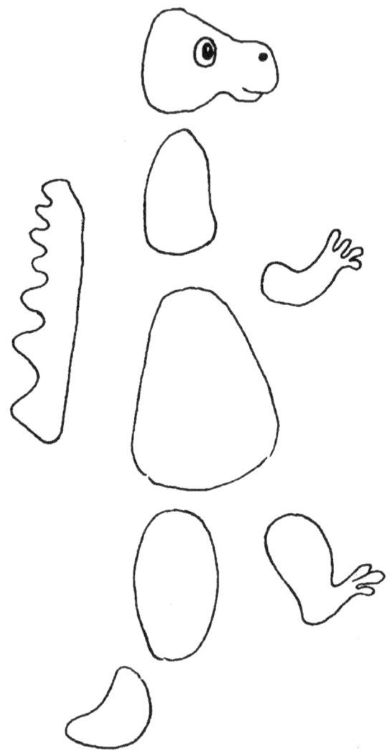

Lustige Dinomaske

Ihr braucht: Graues festes Tonpapier, Schere, Filzstifte, Klebe, Gummiband

Ihr malt euch auf grünes Tonpapier (ca. 25 x 30 cm) die Umrisse eurer Dinomaske auf und verziert sie mit dunkelgrünem Filzstift. Dann werden die Augen ausgeschnitten und seitlich zwei Löcher für das Gummiband gelocht. Für das Horn schneidet ihr einen Halbkreis aus Pappe (ca. 6 cm) aus, rollt ihn zu einem Kegel auf und klebt ihn zu einer Tüte zusammen. Dann schneidet ihr den Rand ein und knifft ihn 1/2 cm nach außen. Nun klebt ihr das Horn unterhalb der Augen auf.
Jetzt kann der lustige Dino-Maskentanz beginnen.

(*A. von Rohden*)

Viele weitere Bastelideen für Dinos finden sich in dem Bastelheft der Brunnenreihe, Christophorus-Verlag, Nr. 52644: Dinos, Drachen + Co.

Das Lied der Dinokinder

Auf die Melodie: „Zehn kleine Negerlein" zu singen.

Ein kleines Dinokind, das blieb nicht ganz allein,
es suchte eine Freundin sich, da waren sie zu zwein.

Zwei kleine Dinos, die tobten wild im Matsch.
Ein dritter stampfte laut herbei mit einem Riesenplatsch.

Drei kleine Dinos, die spielten gern Versteck,
ein vierter Dino suchte sie, da war'n die drei schon weg.

Vier kleine Dinos, die hockten unterm Strauch,
der fünfte kam herbeigestampft und kraulte sie am Bauch.

Fünf kleine Dinos, die spielten Karneval,
als Astronaut der sechste kam mit einem lauten Knall.

Sechs kleine Dinos, die boxten sich im Ring,
der siebente mit der Riesenfaust, peng – peng – das war ein Ding!
oder:
der siebente mit der Riesenfaust schlug zu – das war ein Ding!

Sieben kleine Dinos, die rollten hin und her,
der achte sprang aufs Skateboard auf, fuhr bis aufs große Meer.

Acht kleine Dinos, die stürmten mächtig vor,
der neunte köpfte hoch hinaus. Laut brüllten alle: „Tor!"

Neun kleine Dinos, die waren schrecklich müd.
Der zehnte gähnt, nun schlafen sie, zu Ende ist das Lied.

Kapitel 4: Wer saust denn da die Straße lang

Verkehrserziehung für Kinder und Erwachsene

72 Verkehrserziehung für klein und groß VORBEMERKUNG
73 Paß auf im Straßenverkehr! LIED/BILDHAFTES GESTALTEN
75 Vorsicht, kleines Mäusekind! GEDICHT
76 Fingerspiel vom Verkehr FINGERSPIEL
77 Die bunten Augen RÄTSEL
78 Ampelsong LIED
80 Vorsicht im Straßenverkehr SPIEL
82 Nun kann ich nicht mehr ins Schwimmbad gehen! ERZÄHLUNG – GESCHICHTE
84 Kommt, wir spielen Eisenbahn SPIELLIED
86 Der geteilte Schokoladenpudding oder: Paß auf im Verkehr ERZÄHLUNG – GESCHICHTE
88 Big und Jumbo im Verkehr GEDICHT

Verkehrserziehung für klein und groß

Vorbemerkung: „Jessica wollte Daniela doch schon um 12 Uhr vom Kindergarten abholen! Sie müßten doch längst hier sein!" – „Wo bloß Florian bleibt! Die haben doch mittwochs nur drei Stunden Unterricht!"

Wer kennt nicht die Sorgen von Eltern und Erziehern angesichts des immer stärkeren Verkehrs auf unseren Straßen! – In Deutschland werden durchschnittlich in jeder Stunde 50 Menschen im Straßenverkehr getötet oder verletzt. Unsere Kinder sind als Fußgänger oder Radfahrer ganz besonders gefährdet. Die Erziehung zum richtigen Verhalten im Verkehr kann nicht früh genug und nicht oft genug ansetzen, sowohl bei unseren Kindern als auch immer wieder bei den erwachsenen Verkehrsteilnehmern.

Es genügt nicht, wenn einmal im Jahr den Schulanfängern durch Schilder und gelbe Mützen besondere Aufmerksamkeit gewidmet wird und die Autofahrer zu rücksichtsvollem Verhalten im Verkehr aufgerufen werden. Wir müssen jeden Tag durch Vormachen und Üben unseren Kindern immer wieder ein gutes Beispiel für richtiges Verkehrsverhalten geben.

Die ganz Kleinen sollten nur an der Hand des Erwachsenen die Straße überqueren dürfen. Dabei begeben wir uns in den Schutz der Ampel, halten an der Gehsteigkante an, schauen mit dem Kind nach links und rechts, dann nochmals nach links, zeigen dem Kind das grüne Licht und gehen dann ruhig gemeinsam über die Straße. „Man muß das Unglück mit Händen und Füßen und nicht mit dem Maul angehen!" sagt Pestalozzi.

Ständige Wortwiederholungen ermüden das Kleinkind; ebenso sollten wir vorsichtig sein, die Schrecken des Verkehrs zu deutlich auszumalen. Ängstliche Kinder bewegen sich unsicher und verwirrt.

Statt übertriebener verbaler Ermahnungen sollten wir den Nachahmungstrieb unserer Kinder nutzen, ihnen ständig die richtigen Abläufe unseres Verhaltens im Straßenverkehr vormachen. Das Kind sollte nicht passiv über die Fahrbahn gezerrt werden, sondern selbst sein Verhalten aktiv bestimmen können. Wir sollten das Kind oft fragen: „Können wir jetzt gehen?"

Weil Kinder das Verhalten der Erwachsenen nachahmen, ist es besonders verwerflich und gefährlich, wenn Erwachsene – ohne an die Folgen für die am Straßenrand wartenden Kinder zu denken – bei Rot über die Straße hasten, auch wenn kein Auto in Sicht ist.

Daß Kinder im Straßenverkehr gefährdet sind, hat auch noch entwicklungsbedingte Ursachen: Ihr Blickfeld ist um ein Drittel enger als das der Erwachsenen. Von der Seite kommende Fahrzeuge nehmen sie erst später wahr. – Ihre Hörfähigkeit ist oft noch nicht dem Straßenverkehr angepaßt. Sie haben Mühe, festzustellen, aus welcher Richtung das Motorengeräusch oder Hupen kommt.

Die Kinder werden erst spät vom Autofahrer gesehen, weil sie klein sind. Auch versperren parkende Autos die Sicht. – Die Perspektive der Kinder ist eben noch eine andere als die der Erwachsenen.

Kleine Kinder denken oft, ein fahrendes Auto könne sofort anhalten; die Länge des Bremsweges ist vielen Kindern noch nicht bewußt. Sie können Geschwindigkeit und Entfernung eines Fahrzeuges noch nicht einschätzen.

Kindergartenkinder und Schulkinder, die nicht mehr an der Hand der Erwachsenen die Straße überqueren, sollten so früh wie möglich durch verschiedene kreative Tätigkeiten wie Singen, Basteln, Malen, durch Verkehrs- und Kasperspiele mit dem richtigen Verhalten im Verkehr vertraut gemacht werden. Auf den folgenden Seiten gebe ich dazu viele Anregungen. Sehr zu empfehlen sind die Spielideen in dem Heft im Christophorus-Verlag von Cornelia Benz: Kinderfeste, Bastelspaß das ganze Jahr.

Paß auf im Straßenverkehr!

Die Verkehrsschilder mit den dazugehörigen Versen können kopiert, vergrößert und von den Kindern angemalt werden. Die Verkehrsregeln können mit einem Begleitschreiben den Eltern mitgegeben werden, so daß auch zu Hause öfter das richtige Verhalten im Verkehr geübt werden kann.

Die Verse können auch auf die Melodie: „Horch, was kommt von draußen rein?“ gesungen werden.

Ein empfehlenswertes Brettspiel zur Verkehrserziehung ist unter dem Titel: „Augen auf und aufgepaßt!“ im Verlag Herder erschienen. Vorsicht, Rücksicht und Umsicht bestimmen die Spielregeln, die Kindern in spannender Weise richtiges Verhalten im Straßenverkehr erfahrbar machen.

Siehst du das Schild mit blauem Rand, hollahi, hollaho,
der Schülerlotse hebt die Hand, hollahi haho.
Seht, die Fahrzeuge bleiben stehn, hollahi, hollaho,
ihr dürft über die Straße gehn, hollahi haho.

Ihr Autofahrer, könnt ihr's sehn, ...
Fußgänger, die dürfen gehn, ...
Doch ihr Kinder gebt gut acht, ...
nicht jedes Auto hat halt gemacht, ...

Ein blaues Schild, das leuchtet hier, ...
ein weißes Fahrrad spricht zu dir, ...
Fahr nur zu und sei nicht bang, ...
dein Fahrradweg führt hier entlang, ...

Seht das rote Dreieck an, ...
mit der Schaufel und dem Mann, ...
Vorsicht! Baustelle – heißt das Schild, ...
fahrt ganz langsam, nicht so wild! ...

Kannst du's rote Auge sehn, ...
dann darfst du nicht weitergehen! ...
Erst das grüne Licht zeigt an, ...
daß man weitergehen kann. ...

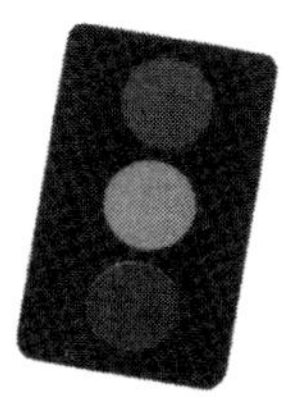

Dieses Schild, das ist sehr wichtig, …
halt hier an! So ist es richtig! …
An der Kreuzung, da ist viel los, …
oh – der Verkehr ist riesengroß. …

Dieses Schild, das sagt euch an, …
wo man Pause machen kann, …
Ihr könnt parken, ruht mal aus! …
Dann kommt sicher ihr nach Haus. …

Seht ihr dort die große Kuh, …
große Kuh, was willst denn du? …
Kühe, Schafe, manches Tier, …
treibt man über die Straße hier. …

Dieses Schild, das sagt euch an, …
Schaut! Gefahr hier lauern kann! …
Auf der Straße gebt stets acht, …
Ohren, Augen aufgemacht! …

Schwarze Schranken siehst du hier, …
diese Schranken sagen dir, …
Hier fährt eine Eisenbahn, …
halte vor der Schranke an! …

Autofahrer, gebt gut acht, …
für euch ist dieses Schild gedacht, …
Seht die Kinder Hand in Hand, …
Gefahr droht oft am Straßenrand, …

Pferd und Reiter siehst du hier, …
diese Schilder sage dir, …
Du darfst ruhig weitergehn, ..
kannst bald Pferd und Reiter sehn, …

Grünes H auf gelbem Kreis, …
jedes Kind das doch schon weiß, …
Hier hält ein Bus, wir steigen ein, …
Langsam! Laßt das Drängeln sein! …

Vorsicht, kleines Mäusekind!

Mäusejunge Hugo Flitz
saust zum Kaufmann wie der Blitz.
Opa Fritz krault ihm das Fell.
„Vorsichtig! Lauf nicht so schnell!

Bleibe brav am Kantstein stehn,
mußt nach links und rechts erst sehn!
Vorsicht auch beim Zebrastreifen,
Autos haben schnelle Reifen!“

Mäusekind Fopp Silberschwänzchen
wagt schnell hier und da ein Tänzchen.
Mäuseoma Ida spricht:
„Auf der Straße tanzt man nicht!“

Schau dir gut die Ampel an!
Bei grünem Licht man gehen kann!
Rotes Licht, das sagt: „Halt, Fopp!
Aufgepaßt! Bleib stehen! Stop!

Mäusevater Willi spricht:
„Zwischen Autos spielt man nicht!
Auch wenn sie am Kantstein stehn,
kann ein Unglück schnell geschehn!“

„Kommt“, ruft Tom, der Mäuseboß,
„auf den Straßen ist viel los!
Kommt, wir laufen auf die Wiese,
besser ist's für dich und Liese!“

Da gibt's keine Zebrastreifen,
und da quietschen keine Reifen.
Mäusefußball, da bringt Spaß!
Wupp – der Ball fliegt übers Gras.

Und so geht es weiter fort,
toll ist heut der Mäusesport!
Kein Gehupe kann sie stören,
ist kein Krach, kein Knall zu hören.

Doch schon bricht die Nacht herein.
„Ihr sollt längst zu Hause sein!“
„Aufgepaßt!“ – Die Mutter droht:
„Sonst seid ihr bald mausetot!“

„Gebt gut auf der Straße acht!
Gerade jetzt bei dunkler Nacht!
Menschenkind und jede Maus!
Sicher kommt ihr so nach Haus!“

Fingerspiel vom Verkehr

Die Finger der rechten Hand sind die „Zappelfinger“. Die linke Hand zeigt in Vorwärtsbewegung die verschiedenen Fahrzeuge an, die von den Kindern genannt werden.

Fünf kleine Zappelfinger
könnt ihr hier sehn.
Fünf kleine Zappelfinger
wolln über die Straße gehn.

Die fünf Finger der rechten Hand zappeln aufgeregt hin und her.

Ihr kleinen Zappelfinger,
ihr bleibt jetzt erst mal stehn.
Könnt ihr die vielen Fahrzeuge
vorüberflitzen sehn?

Nun werden die Zappelfinger still gehalten, sie „gucken“ auf die linke Hand, die langgestreckt die verschiedenen Autos darstellt.

Kinder nennen verschiedene Fahrzeuge:
Ein Lastwagen, zwei rote Autos, ein Krankenwagen, ein Motorradfahrer, ein Polizeiauto usw.

Dabei ahmen die Kinder mit ausgestreckter Hand die Bewegung der Fahrzeuge nach. Die Kinder können aber auch ihre kleinen Spielautos hierfür verwenden.

Da steht die große Ampel,
das Ampellicht zeigt rot.
Bleibt brav am Kantstein stehn,
ihr habt jetzt Gehverbot.

Über den Zeigefinger der linken Hand wird ein rotes Hütchen gestülpt, über den Mittelfinger ein grünes Hütchen. Nun kann die linke Hand die Ampel spielen.

Die Autos dürfen fahren,
sie haben grünes Licht.
Doch ihr – ihr bleibt noch stehen,
vergeßt es bitte nicht.

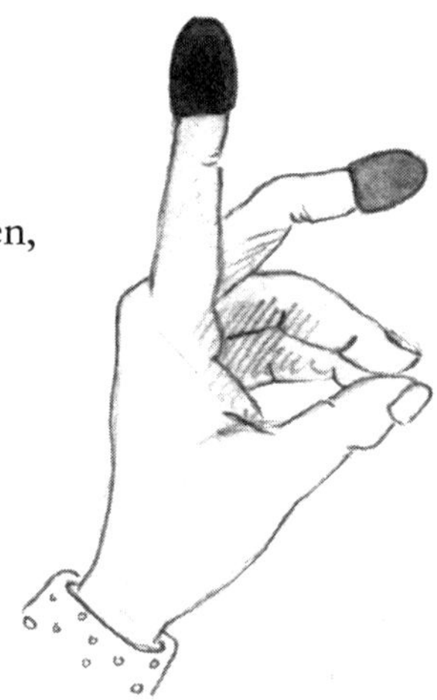

Nun stoppen schon die Autos,
gleich bleiben alle stehn.
Für euch ist grünes Licht nun,
ihr dürft jetzt endlich gehn.

Ihr kleinen Zappelfinger,
vergeßt das bitte nicht.
Es sorgt für sicheres Gehen
das gute Ampellicht.

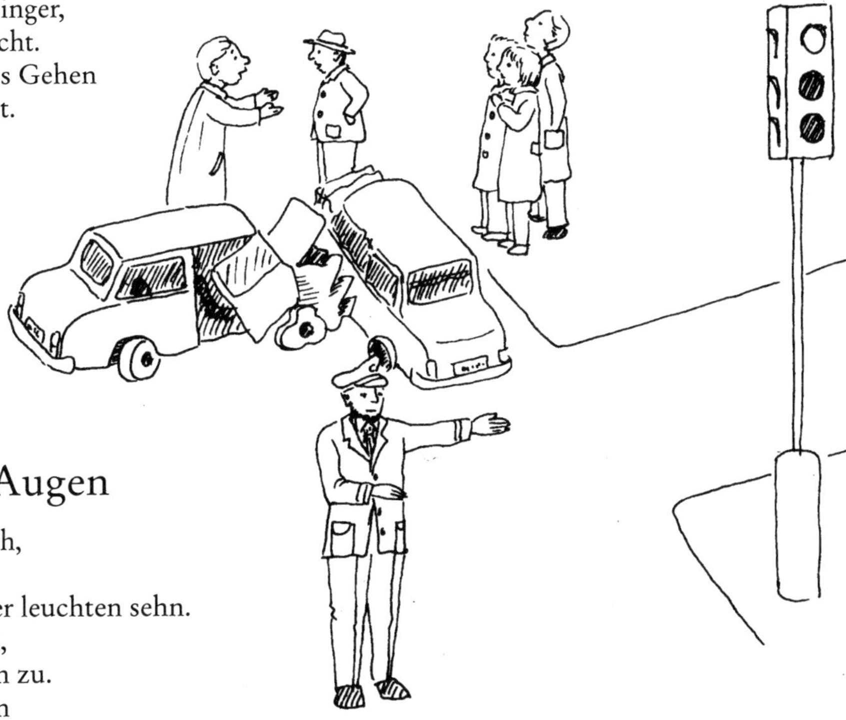

Die bunten Augen

Drei Augen hab' ich,
rot, gelb und grün,
du kannst sie immer leuchten sehn.
Ich hab' keine Ruh,
mach nie die Augen zu.
Steh auf einem Bein
tagaus und tagein.
Ich darf nicht schlafen
bei Tag und Nacht.
Doch hab' ich die Augen mal zugemacht,
dann gib nur acht!
Schon hat's gekracht!

Ampel

Rätsel aus:
Barbara Cratzius, Allererste Kinderrätsel,
Denksport für Eltern und Kinder,
Rowohlt TB-Verlag GmbH, Reinbek b. Hamburg 1992

Ampelsong

Text: Barbara Cratzius
Musik: Ludger Edelkötter

2. Rum-pum, pum-pum.
Wer rumpelt um die Ecke rum?
Rum-pum, pum-pum.
Das ist ein Traktor,
rum-pum, rum-pum,
mit dem Franz,
der rumpelt noch
alles krumm.

Kehrvers:
Stop, die Ampel …
Rum-pum, rum-pum.

3. Ta-tü, ta-ta.
Das ist die schnelle Polizei,
Ta-tü, ta-ta.
Und wenn's mal bumst,
ta-tü, ta-ta:
„Polizei,
komm schnell herbei!
Schnell herbei!"

Kehrvers:
Stop, die Ampel …
Ta-tü, ta-ta.

4. Ling-ling, ling-lang.
Wer klingelt da so wild und lang?
Ling-ling, ling-lang.
Das ist ein Fahrrad,
ling-ling, ling-lang,
Erwin kommt
schnell angeflitzt
wie ein Blitz

Kehrvers:
Stop, die Ampel …
Ling-ling, ling-lang.

5. Hol-la, hol-la.
Wer trabt denn da die Straße lang?
Hol-la, hol-la.
Das ist ein Esel,
hol-la, hol-la,
schnaubt und stöhnt,
der alte Karren,
ist so schwer.

Kehrvers:
Stop, die Ampel …
Hol-la, hol-la.

Vorsicht im Straßenverkehr

Bei diesem Verkehrsspiel braucht jeder Spieler eine Spielfigur (Halmafigur, Playmobilfigur). Ihr geht vom Start an je nach Würfelglück vorwärts, bis ihr euer Ziel (Kindergarten, Schule) erreicht habt. Wenn ihr auf ein Feld mit einer Zahl stoßt, müßt ihr die Hinweise auf der Randleiste beachten. Wer das Ziel schon erreicht hat, darf noch einmal vom Start an beginnen. Hoffentlich kommt ihr sicher zum Kindergarten oder zur Schule!

1. Du wolltest mit dem Go-cart zum Kindergarten fahren. Beinahe wärst du auf die Straße gerollt.
Zweimal mit Würfeln aussetzen.

2. Du hast an deine helle Sicherheitsmütze und ein Leuchtzeichen auf dem Anorak oder an der Tasche gedacht.
Noch einmal würfeln.

3. Ein Auto kommt angefahren. Du denkst, es sei noch weit weg und gehst beim Zebrastreifen über die Straße.
Zweimal aussetzen.

4. Du hast bei der Ampel auf grün gewartet, nach links, nach rechts, nochmal nach links gesehen.
5 Felder vorrücken.

5. Dein Ball ist auf die Straße gerollt. Du bist ihm nachgelaufen, obwohl ein Auto sich rasch näherte.
Du darfst erst weiterrücken, wenn du eine „1" gewürfelt hast.

6. Du hast einen Freund getroffen. Er hat dir seine neuen Dino-Sticker gezeigt. Jetzt müßt ihr euch beeilen. Aber ihr drückt erst den Ampelknopf und wartet, bis die Ampel grünes Licht zeigt.
5 Felder vorrücken.

7. Du hast am Wegrand eine Schnecke gefunden. Nun ist es spät geworden. Du läufst an einem parkenden Auto vorbei über die Straße. Sehr gefährlich!
Dreimal aussetzen beim Würfeln.

2
3
4
5
7
Ziel

Nun kann ich nicht ins Schwimmbad gehen!

Heute morgen habe ich beim Frühstück getrödelt. Mein Teddy hatte gar keinen Appetit auf das Müsli und ich auch nicht. Dann wollte er nicht die kratzige Hose anziehen, und die Ringelsocken fand er auch blöd. Und ich mochte nicht den Pullover mit dem Marienkäfer hinten drauf anziehen. Da lacht mich der große Bernd immer aus und sagt: „Du bist noch ein Topfbaby!“ Er hat nämlich einen ganz starken Pulli an mit einem Batman hinten drauf. Ich konnte also heute morgen erst ganz spät zum Kindergarten. Mutti hat nur noch nachgerufen, ich solle nicht rennen, lieber ein bißchen zu spät kommen.
Aber heute wollten wir doch in der Bauecke unsere Ritterburg zu Ende bauen. Dann bin ich doch gelaufen, gleich von der Ecke an. Als Mutti mich nicht mehr sehen konnte.
Auf der anderen Straßenseite hab' ich Julia gesehen. Das ist das netteste Mädchen aus dem Kindergarten.

Hier können sich Berichte der Kinder über gefährliche Situationen im Straßenverkehr anschließen. Ein Kasperspiel über die Gefahren auf der Straße ist zu finden in meinem Buch „Ein ganzes Jahr und noch viel mehr“, Bd. 1, Verlag Herder.

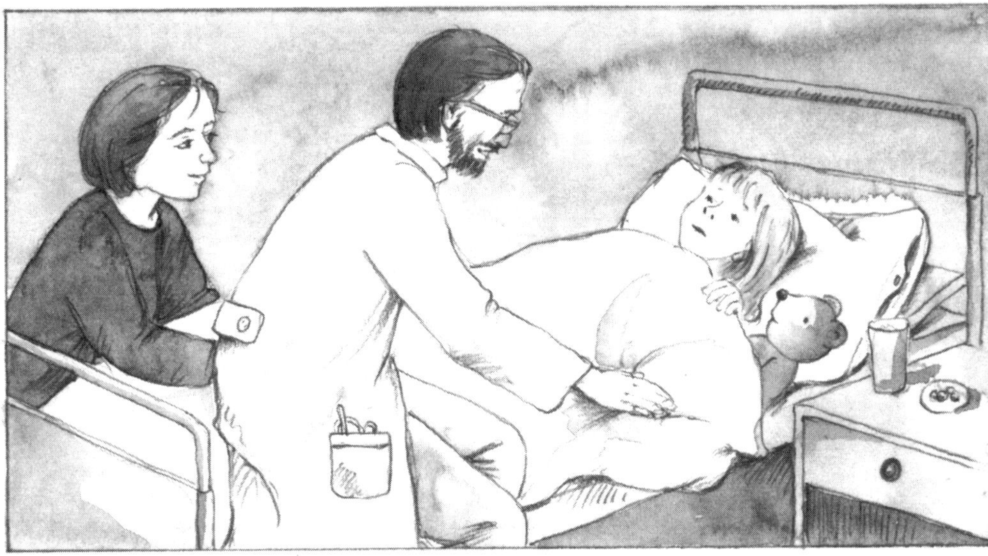

Sie hat mir zugewinkt. Da wollte ich schnell rüberlaufen. Ein Lieferwagen hat am Straßenrand geparkt.
Ich hab' kein Auto gesehen und gehört. Da bin ich einfach hinter dem Lieferwagen über die Straße gelaufen. – Auf einmal hat es ganz laut gekracht, und mehr weiß ich nicht.
Ich bin erst wieder im Krankenhaus aufgewacht. In einem großen weißen Zimmer. Da hat ein Arzt an meinem Bett gesessen und Mutti auch. Der Arzt hat gesagt: „Du hast ganz viel Glück gehabt! Wir müssen dich noch ein paar Tage zur Beobachtung hierbehalten. Das hätte schlimmer ausgehen können!" Aber daß mein rechtes Bein gebrochen ist, finde ich schon schlimm genug. Nun kann ich in den nächsten Wochen nicht ins Planschbecken gehen. Und ins Schwimmbad auch nicht.
Und es ist so heiß draußen – ein richtig schöner Sommertag!

Kommt, wir spielen Eisenbahn

Text: Barbara Cratzius
Musik: Ludger Edelkötter

Los, nun kommt doch alle mit,
Omama besuchen.
Heut backt sie euch auch ganz bestimmt
den schönsten Pflaumenkuchen.
Los, macht jetzt die Fenster auf!
Klaus, der hebt die Kelle,
Ratta-rum, schon geht es los
noch fahrn wir nicht schnelle.
Tschuh-tschuh-tschuh,
tschuh-tschuh-tschuh,
tschuh-tschuh.

Rums, die Räder dreh'n sich schnell
(es) wackeln Stuhl und Kissen.
Und alle Kinder wackeln mit,
wenn sie mal stehen müssen.
Sag, wo geht die Reise hin?
Osten, Süden, Westen?
Nach Indien und Afrika,
das weiß Klaus am besten.
Tschuh-tschuh-tschuh,
tschuh-tschuh-tschuh,
tschuh-tschuh.

Klaus, nun pfeif doch jetzt mal los!
(Der) Zug, der bleibt gleich stehen.
Doch morgen soll er wieder schon
auf große Reise gehen.
Tschuh-tschuh-tschuh,
tschuh-tschuh-tschuh,
tschuh-tschuh.

Alternativ kann man hier wieder mit dem zweiten Teil der ersten Strophe beginnen (da die Reise ja wieder losgeht: Hey, Mark, setz die Mütze auf...), und so entsteht ein „Kreislauflied".

Spielidee: Für dieses Spiel können wir aus Kissen oder Stühlen eine lange „Eisenbahnwaggonkette" bilden. Die Kinder bewaffnen sich mit „Taschen und Koffern" (eventuell verschnürte Pappkartons), und los geht die Reise. Der Schaffner mit Kelle und Pfeife darf nicht fehlen. Mit Orff-Instrumenten kann das rhythmische Räderrattern und das Wackeln der Stühle noch unterstrichen werden.
Wenn die Fahrgäste eine Weile auf den Kissen (Stühlen) gesessen haben, stehen sie auf, fassen den Vordermann an den Schultern und trampeln rhythmisch durch den Raum, nach Osten, Süden, Westen, bis der Klaus pfeift. Dann bleibt der Zug stehen. Die Kinder laufen zu den Kissen zurück, ruhen sich aus, „schlafen", bis der Klaus einen neuen Zugführer bestimmt und die Reise von neuem losgeht.

Der geteilte Schokoladenpudding oder: Paß auf im Verkehr!

„Michael, kannst du die Laura nachher in den Kindergarten bringen?“ sagt die Mutter. „Ich muß mit dem Baby heute schon ganz früh beim Kinderarzt sein.“
„Naja, wenn sie nicht so trödelt!“ meint Michael.
„Ich trödel auf der Straße überhaupt nicht!“ ruft Laura. „Und außerdem haben wir jetzt alle Verkehrszeichen im Kindergarten gelernt.“
Sie singt gleich laut los:

Kannst du's rote Auge sehn, hollahi, hollaho,
dann darfst du nicht weitergehn, hollahi haho.
Erst das grüne Licht zeigt an, hollahi …
daß man weitergehen kann, hollahi haho.

„Hör bloß auf!“ ruft Michael. „Die Leute unten auf der Straße gucken sich sonst alle nach uns um!“
„Schluß mit dem Streiten!“ ruft die Mutter.
„Michael, ihr könnt ja beide auf dem Weg zum Kindergarten schauen, ob die anderen Leute im Verkehr alles richtig machen. Wer am meisten Fehler gefunden hat, kriegt heute nachmittag einen Schokoladenpudding extra.“
„Da gewinn' ich bestimmt!“ ruft Michael. Er schnallt die Schultasche auf. Im dunklen Treppenhaus leuchten die Reflektoren, die Blinkzeichen. Und der kleine Blinkelefant, der hinten an Lauras Anorak hin- und hertanzt, leuchtet auch. „Michael, borgst du mir bis zum Kindergarten deine tolle gelbe Mütze?“ bettelt Laura.
„Aber nur, wenn du mir zwei Dinosticker abgibst!“ sagt Michael.
„Kannst sogar drei haben!“ meint Laura großmütig.
Ganz stolz trägt sie die gelbe Schülermütze. „Im nächsten Jahr krieg' ich auch eine“, sagt sie, „und dann geh' ich ganz allein zur Schule!“

Beim Vorlesen oder Erzählen dieser Geschichte werden den Kindern sicher noch viele Verkehrssituationen einfallen, bei denen Vorsicht im Straßenverkehr geboten ist.

Unten auf der Straße ist heute morgen viel los. Die Leute hasten zur Arbeit, die Autos donnern vorbei. „Guck mal", ruft Laura, „da ist eine Baustelle! Ich kenne schon das Schild mit den Bauarbeitern. Jetzt muß der Lastwagen ganz doll bremsen. Beinahe hätte es gebumst. Erster Fehler."

Nun paßt auch Michael gut auf. „Da – der Radfahrer, der hat kein Katzenauge hinten!" ruft er. Auf dem Parkstreifen neben ihm parkt ein Auto. Ein Mann und drei Frauen steigen ein. „Schnallt euch hinten an!" ruft der Mann. „Ach, wir wollen doch nur bis zum Supermarkt", sagen die Frauen lachend. „Fahr schon los!"

„Zweiter Fehler!" sagt Michael. „Auf dem Rücksitz muß man sich anschnallen! Das kann ganz schön Strafe kosten!"

„Da!" ruft Laura, „der Radfahrer fährt auf der Straße! Wo doch hier der Radweg ist! Das ist gefährlich! Tu ich bestimmt nicht, wenn ich erst ein Rad hab'!" Nun sind sie an der Ampel angelangt. Laura drückt auf den Ampelknopf. Aber immer noch leuchtet das rote Licht auf. „Ach, ich hab' keine Zeit, auf „Grün" zu warten!" schimpft ein junger Mann und schaut die Straße entlang. „Da hinten der Laster ist noch ganz weit weg!" Schon läuft er über die Straße. „Verboten!" schreit Laura laut. „So ein Blödling! Das ist der dritte Fehler!"

„Das haben wir aber alle beide gesehen!" ruft Michael. „Es steht 2:2!"

Da leuchtet das grüne Licht auf. „Ich guck' trotzdem erst nach links und rechts!" ruft Laura. „Manche Autofahrer flitzen nämlich noch ganz schnell vorbei!" Dann gehen die beiden los. „Das letzte Stück schaff' ich allein!" ruft Laura. „Jetzt brauch' ich ja über keine Straße mehr! Und da drüben wartet auch schon Felix! Wir malen unsere Verkehrsschilder weiter! Danke Michael! Und heute mittag teilen wir uns den Extraschokoladenpudding!"

Big und Jumbo im Verkehr

Big – der Riesenelefant
steht ganz brav am Straßenrand.
Seine Schule geht bald los,
der Verkehr ist riesengroß.

Trompeten nutzt nichts – er ist schlau.
Die Ampel kennt er ganz genau.
Er muß sich ein bißchen bücken,
auf das Ampelzeichen drücken.

Der Rüssel kann's. Da – rotes Licht.
Nein Big, es geht noch lange nicht.
Die Autos sausen wie der Wind.
Zwei Fords, drei Opel pfeilgeschwind.

Nun ist mit dem Rasen Schluß,
den Autofahrern macht's Verdruß.
Doch Big, er freut sich, jetzt kommt Grün.
Er stampft hinüber, könnt ihr's sehn?
oder: oh – wie schön!

Den Fußweg lang stampft er ganz froh
und wackelt mit dem dicken Po.
Da drüben sieht er Jumbo stehn,
oh, wart, mein Freund, du darfst nicht gehn!

Töterötö – sie stampfen weiter.
Der Big, der schwenkt den Rüssel heiter.
Sie müssen noch ein Stückchen gehn,
bis sie den Zebrastreifen sehn.

Den Rüssel hoch, so gut er kann.
„Ihr Autofahrer, haltet an!"
Nun kann der Jumbo ganz besonnen
zum großen Big hinüberkommen.

Sie stampfen weiter, Bein vor Bein,
viel schöner ist es doch zu zwein.
Nun geht die Schule ja bald los,
doch vorher gibt's ein Eis – ganz groß!

Der Big und Jumbo fröhlich schlecken,
kein Auto soll sie mehr erschrecken.
Sie haben keine Bange mehr,
sie passen auf in dem Verkehr.

Töterötö!

Kapitel 5: Wir haben nur *eine* Welt!

Umwelterziehung in Kindergarten und Schule

92 Umwelterziehung in Kindergarten und Schule VORBEMERKUNG
94 Kasper und die Umweltsünder KASPERSPIEL
100 Müllverwertung im Kindergarten
ERZÄHLUNG – GESCHICHTE/NATURBEOBACHTUNG
101 „Vergoldeter" Müll BILDHAFTES GESTALTEN
102 Soviel schöner Sperrmüll LIED
104 Neues Leben am alten Teich
ERZÄHLUNG – GESCHICHTE/NATURBEOBACHTUNG
106 Froschträume am trüben Tümpel – Kannst du reimen? REIME
107 Wachse, kleiner Baum SPIELLIED
108 Ein Baum wird gefällt
ERZÄHLUNG – GESCHICHTE/NATURBEOBACHTUNG
110 Wir pflanzen einen Baum
ERZÄHLUNG – GESCHICHTE/NATURBEOBACHTUNG
112 Igitt – ein Regenwurm
ERZÄHLUNG – GESCHICHTE/NATURBEOBACHTUNG

Umwelterziehung in Kindergarten und Schule

Vorbemerkung: „Die größte Aufgabe des Menschen in diesem und im nächsten Jahrhundert ist die Rettung unseres Planeten vor der Zerstörung. Dazu müssen wir die Grundlagen unserer modernen Zivilisation verändern – nämlich die Beziehung zwischen Mensch und Natur.“ Michael Gorbatschow

Tagelang hatten wir bei uns im Norden an der Ostsee Sturm gehabt. Als der Sturm nachgelassen hatte, machten eine Kindergruppe und eine Schulklasse einen Ausflug an den Strand. Die Kinder kannten den langgestreckten Küstenabschnitt als sauberen Uferstreifen, wo sie an warmen Sommertagen wunderbare Gräben und Hafenbecken bauen und mit Sand und Wasser matschen konnten. Aber das Ufergelände war nach den windbewegten Tagen kaum wiederzuerkennen. Hohe Wellen hatten einen breiten Saum „Wohlstandsmüll“ zurückgelassen. Coladosen, Plastikflaschen, Staniolpapier, Plastiktüten, verrostete Gemüsedosen, auch scharfe Glassplitter bedeckten den Sandstreifen, so daß kein Kind sich die Schuhe ausziehen mochte.
„Das ist alles in der Ostsee drin!“ sagten die Kinder entsetzt, „da mag man ja gar nicht mehr baden!“ Nach einer Weile kamen Gemeindearbeiter und ein Strandwärter mit einem kleinen Container und begannen, den Strand zu säubern. Die Kinder griffen eifrig mit zu, wobei sie Stöcke zu Hilfe nahmen.
Da hatte Martin plötzlich eine Idee: „Wir bauen ein tolles Müllmonster bei uns im Kindergarten! Damit die Erwachsenen mal sehen, was alles für Müll herumliegt, ganz in unserer Nähe!“ „Und damit die Großen sich auch ein bißchen Mühe geben und nicht so viel Müll machen und dann noch in die Gegend werfen!“ fügte Lena hinzu.
Im Kindergarten und in der Schule begannen interessante Aktivitäten, bei denen die Kinder begeistert mitmachten (siehe Müll in goldenem Rahmen, S. 101).
Es ist wichtig, daß wir von konkreten Situationen in unserer nächsten Umgebung ausgehen, wenn wir schon im Kindergarten mit der Erziehung zum Schutz der Natur und der Umwelt beginnen wollen. Dabei sollten wir die Kinder an diese Problematik in einer angstfreien Atmosphäre heranführen.
Bilder von verendeten Robben und Walen, von den Vögeln mit ölverklebten Federn kennen sie zur Genüge aus dem Fernsehen. Auch die Klage über das Waldsterben und die angegriffene Ozonschicht, über die Verschmutzung von Erde, Luft und Wasser erzeugt nur Ängste und Panik im Kinde, die lähmend wirken können.
Viel wichtiger und nachhaltiger in der Wirkung ist es, wenn wir dem Kind durch unser Vorleben, durch Vormachen den richtigen Umgang mit der Natur zeigen.
Durch Nachahmung sollte es den Kindern „in Fleisch und Blut“ übergehen, daß wir sorgfältig mit Erde, Luft und Wasser umzugehen haben.

Hier folgen einige Fragen und Impulse, wie wir den Alltag in Kindergarten und Schule umweltfreundlicher gestalten können.

1. Benutzen wir als Erzieher die altbekannte Thermosflasche für unsere Getränke oder kaufen wir Wegwerfflaschen, Dosen, in Plastiktüten verpackte Milch?

2. Fahren wir ab und zu auch mit dem Fahrrad zum Dienst oder gehen wir zu Fuß, anstatt immer das Auto zu benutzen?
3. Verpesten wir in den Pausen vor den Augen der Kinder die Luft mit Zigarettenrauch?
4. Verschwenden wir unbedacht Wasser und Strom? (Spartaste im WC, Duschen statt Wannenbad, auch Duschen zu zweit macht Kindern einen Riesenspaß, Energielampen verwenden!)
5. Benutzen wir zur Schädlingsbekämpfung der Pflanzen im Kindergarten und Schulgarten giftige Pflanzenschutz- und Insektenmittel oder greifen wir auf altbekannte Naturmittel zurück (Brennesselsaft, Schmierseife, Hirschhornsalz)?
6. Verwenden wir zur Reinigung in Kindergarten und Schule aggressive Desinfektionsmittel, die u.a. dem kindlichen Organismus schaden können? Oder greifen Sie auf milde Handspülmittel, auf Essigessenz gegen Kalkflecke, auf Spiritus und Alkoholreiniger, auf grüne Seife zurück?
7. Tragen Sie dazu bei, die Müllberge zu vermindern! Kaufen Sie möglichst unverpackte Ware, nehmen Sie zum Einkaufen Stoffbeutel und Einkaufskorb mit, holen Sie für die Frühstückspause die alte Brotbüchse hervor, die die Alufolie und Plastiktüte ersetzt.
8. Lassen Sie die Kinder auf Umweltschutzpapier malen, nehmen Sie Blei-Buntstifte und Wasserfarben statt Filzstifte, kneten Sie mit Salzteig und Ton statt mit härtbaren Knetmassen. Viele Tips zum umweltfreundlichen Basteln geben folgende Bücher:
   Das Umweltbastelbuch 1 + 2, Christophorus-Verlag,
   Kristina Hoffmann-Piper: Basteln ohne Gift, Rowohlt-Verlag.
9. Vermeiden Sie beim gemeinsamen Frühstück im Kindergarten Einwegflaschen, Dosen, Pappbehälter usw. Führen Sie die Kinder an möglichst selbst zubereitete Vollkost heran.

Die Zeitschrift „Kindergarten heute" gibt immer wieder wertvolle Hinweise für die Umwelterziehung im Kindergarten, siehe besonders: Gabriele Haug-Schnabel: „Umwelterziehung – maßgeschneidert für Kinder", 1–2/1993.

Die Liebe zu Pflanzen, Kleintieren, Blumen und Bäumen kann im Kindergarten geweckt werden. Schon ein kleiner Garten am Rand der Spielwiese, auf dem wir Blumen und Gemüse anlegen, genügt, um den Kindern zu zeigen, was Blumen und Pflanzen für uns bedeuten. Die Kinder können beobachten, wie sich aus dem Samen der Keimling entwickelt; wir behandeln die kleinen Pflanzen sorgsam, wir gießen, jäten usw.

Die Anlage eines Komposthaufens, in dem Küchenabfälle aus dem Kindergarten verwertet werden, in dem die Regenwürmer „ihre Arbeit" tun, ist schon für Kindergartenkinder eine wichtige Erfahrung und führt zu intensivem Umweltbewußtsein. Wir können die Eltern zur Mithilfe bei der Anlage eines Komposthaufens, von Hügel- und Hochbeeten, bei Entdeckungsgängen in Parks und Wäldern mit heranziehen.

Nur was wir kennen und lieben, werden wir auch schützen. Unter diesem Grundgedanken sollte unser Bemühen um Natur- und Umweltschutz stehen. Empfehlenswert ist das Buch: „Rettungsaktion Planet Erde", das in Zusammenarbeit mit den Vereinten Nationen entstand (Meyers Lexikon 1994).

In vielen Kinderaussagen von Kindern aus aller Welt wird die Agende 21, das Dokument, das nach dem Umweltgipfel in Rio de Janeiro (1992) entstand, kommentiert. Aus diesem Buch stammt folgender Text von der Direktorin „Women for Environment and Development": „Bei jeder Diskussion kommen wir am Ende zu dem Punkt, daß wir unsere Konsumgewohnheiten ändern müssen. Wir dürfen der jungen Generation nicht mehr sagen, sie können auch alles haben, was wir haben, und vielleicht noch mehr. Wir leben hier auf einem geborgten Planeten. Es ist von entscheidender Bedeutung, daß die heranwachsenden jungen Menschen andere Vorstellungen entwickeln. Sie müssen eine andere Stellung in der Gemeinschaft und im Rahmen unseres gesamten Planeten einnehmen als noch in den beiden vorangegangenen Generationen. Sie müssen sich selbst im Zusammenhang des weltweiten Ökosystems betrachten." Unter der Adresse „Children for a better world", Begonienstraße 1, 80939 München, erhält man eine Fülle von Informationsmaterial über die „Rettungsaktion Planet Erde".

Kasper und die Umweltsünder

Es spielen mit:
Kasper
Gretel
Frau Schulze
Teufel
Polizist
Frosch
Igel

Wir brauchen:
Besenstiel
alte Dosen und Reifen

Die Requisiten können u.a. aus der Puppenstube und dem Kaufmannsladen zusammengesucht werden. Für den Besenstiel kann man einen Bleistift mit braunem Kreppapier umwickeln. Teile von Spielautos, kleine Pillendosen und -schachteln eignen sich für den „Teufelsmüll".

Kasper: Tri-tra-tra-la-la – Kasper ist heut wieder da!
Kinder, grade ist mir ein schönes Lied eingefallen. Das wollen wir zusammen singen. Den Schluß kennt ihr bestimmt:

Ein Vogel wollte Hochzeit machen,
in dem grünen Walde,
fiderallala ...

Es baut der Vogel sich ein Nest,
hoch unterm Dach sich's brüten läßt,
fiderallala ...

schleppt das Moos, die Halme an,
ja – das ist schwer – o Mann, o Mann, fiderallala ...

Bald flitzen Schwalben hin und her
schwarz-weiße Flügel, immer mehr,
fiderallala ...

Fein habt ihr das gemacht – liebe Kinder! So richtig ein Lied für einen schönen sonnigen Tag! Und keinen Tropfen Regen wird es heute geben. Ich brauch' nur meine lange Kaspernase aus dem Fenster zu strecken, dann dreimal dran zu drehen und auf meinen Holzkopf zu klopfen und dann die Augen aufzusperren. Dann weiß ich, was für ein Wetter es wird. Könnt ihr das auch? Paßt auf, wir machen das mal zusammen!

(Kasper und die Kinder öffnen pantomimisch das Fenster und vollführen gemeinsam die Bewegungen)

Fenster auf, Nase raus,
dreimal an der Nase drehn.
Ist die Sonne schon zu sehn?
Dreimal auf den Holzkopf klopfen.

Gibt es heute Regentropfen?
Und jetzt aus dem Fenster sehn,
na – wird heut das Wetter schön?

Kasper: Na – wißt ihr nun, wie's Wetter wird? Was – ihr wißt es nicht? Dann müssen wir's noch einmal versuchen!

Fenster auf, Nase raus
...
Kinder, ich weiß es – heute gibt's gutes Wetter! Ich will doch mit Gretel in den Wald gehen und Holunderbeeren und Hagebutten pflücken. Für eine ganz tolle Holundersuppe und für Hagebuttenmus.
Und wißt ihr auch, wer mir das gute Wetter verraten hat?

(Kinder raten ...)

Kein Zwerg, kein Zauberer – die kleinen schwarzen Tiere, die so schnell fliegen können. Sie haben vorn ein weißes Hemdchen an, und sonst sind sie schwarz. Ja – die Schwalben sind das. Seht mal, da oben. Sie flogen hoch übers Dach, hoch und höher. Und warum? Weil die Mücken so hoch fliegen, wenn gutes Wetter ist. Die Mücken, das sind nämlich ihre Leibspeise. Ja, Kinder, und wenn es Regen gibt?

(Kinder antworten ...)

Ja, dann fliegen sie ganz tief über der Erde. Weil die Mücken dann nämlich auch ganz flach über der Erde tanzen.
Wißt ihr was – jetzt singen wir noch mal gemeinsam unser Schwalbenlied:

Ein Vogel wollte Hochzeit machen ...

Schön habt ihr gesungen, Kinder. Und jetzt wollen wir loswandern, tief in den Wald hinein.
Gretel, Gretel, kommst du mit?

Gretel: Ja, Kasper, ich will nur noch mein Kopftuch umbinden und den Korb holen.

Kasper: Kinder, was sehe ich denn da? Da läuft doch die alte Frau Schulze mit einem langen Besenstiel über den Hof und stochert da an der Wand entlang. Kinder, die will die Schwalbennester kaputtmachen. Solche Gemeinheit! Die Schwalben fliegen schon ganz aufgeregt hin und her. Die haben solche Angst um ihre Jungen.

Frau Schulze: Weg ihr bösen Viecher! Ihr kleckst mir die ganze Terrasse voll! Jeden Morgen muß ich alles fortfegen. Ich werd' schon aufpassen, daß ihr dieses Jahr keine Nester mehr unter meinem Dach baut.

Kasper: Kinder, was machen wir bloß? Wir müssen ganz laut zusammen rufen, daß das gemein ist.

Wirf den alten Besen weg,
Glück bringt dir der Schwalbendreck!

(Kinder rufen es einmal laut mit)

Frau Schulze: Was müßt ihr so unverschämt laut schreien, ihr Kinder! Was die Kinder sich heute bloß alles erlauben! Das kommt nur vom vielen Fernsehen! Zu meiner Zeit waren die Kinder viel artiger. Sonst hätte der Lehrer ihnen gleich mit dem Rohrstock eins auf den Hintern gegeben. Paßt denn heute gar kein Lehrer mehr auf!

Kasper: Guten Morgen, liebe Frau Schulze. Die Kinder haben wirklich Recht! Schwalbennester bringen nämlich Glück ins Haus! Wenn Sie die Nester kaputt machen, gibt's sieben Jahre Pech. Ja – das stimmt!
Und außerdem fangen Ihnen die Schwalben alle Mücken und Spinnen weg. Oder wollen Sie, daß Ihnen heute nacht eine schwarze Spinne in den großen Zeh beißt? Oder in die Nasenspitze!

Frau Schulze: Kasper, willst du mich wieder veräppeln? Sieben Jahre Pech – nein, das will ich nicht haben!
Da mache ich lieber jeden Morgen die Schwalbenkleckse sauber.

Kasper: Hurra! Hurra! So Kinder – das wäre geschafft, weil ihr mir so gut geholfen habt!
Und jetzt geht's mit Gretel ab in den Wald!
Kommt – wir singen wieder ein schönes Lied zusammen:

(Melodie: Ein Vogel wollte Hochzeit machen ...)

Wir gehen in den Wald hinein,
Holunderbeeren schmecken fein.
Fiderallala ...

Auch Hagebutten, das wird toll,
wir pflücken gleich zwei Eimer voll.
Fiderallala …

Und Brombeeren, die eß' ich gern,
auch Walnüsse und Haselkern.
Fiderallala …

Ach Gretel, ich freu' mich schon so auf Großmutters leckre Hagebuttenmarmelade. Und auf die Holundersuppe im Winter, wenn wir vom Schlittschuhlaufen kommen. Das ist ein Hochgenuß! Still – was ist denn das? So ein runder Stachelball – der weint? Armer Igel, was ist denn los?

Igel: Ach – ich hab' so Bauchschmerzen! Ich hab' aus dem Garten von der Frau Schulze heute morgen vier Schnecken vertilgt; ich glaub', die hatten Schneckengift gefressen. Dabei hat mich meine Mutter so vor den Gartenschnecken gewarnt. Davon sind schon zwei meiner Brüder gestorben. Ich soll nur die Schnecken tief im Wald fressen. Oh – ich hab' solche Bauchschmerzen!

Gretel: Ja, Kasper, die Frau Schulze treibt's ganz schlimm. Sie streut Schneckengift auf die Wege, und gestern hat sie ganz viel Gift gegen die Blattläuse auf die Rosen gespritzt. Dabei hat mir die Großmutter gesagt, es genügt, wenn man grüne Seife auf die Blattläuse spritzt. Das ist nicht so schädlich für die Vögel. Und gegen die Schnecken kann man einen Lappen voll mit Bier tränken. Davon werden die Schnecken so betrunken, daß sie nicht mehr kriechen können.

Kasper: Also – der Frau Schulze wollen wir nachher tüchtig Bescheid sagen! So – aber nun wollen wir endlich losmarschieren!

(Melodie: Alle meine Entchen ...)

Alle unsre Kinder wandern heute mit,
rechter Fuß, linker Fuß, Schritt vor Schritt.

Peter, Till, Corinna, nimm meine Hand,
linke Hand, rechte Hand, wandern wir durchs Land.

Michael und Tanja, Mark und Kai,
einer nach dem andern, lange lange Reih.

Oliver und Markus sind dabei,
Barbara und Inge, lange, lange Reih.

So Kinder – nun müssen wir schon wieder mal Halt machen. Ich hör' doch was quaken, ganz in der Nähe – ach, da sitzt ja ein kleiner Frosch. Gretel, guck, wie traurig der aussieht.

Frosch: (quakt ganz traurig)

Seht doch – meine Augen sind ganz verklebt. Was ist bloß aus unserm schönen grünen Teich geworden! Da hat doch gestern so ein blöder Kerl seine Ölfässer und die Reste von alten Farben ins Wasser gekippt. Fünf dicke Karpfen sind schon tot. Und wir Frösche müssen auswandern.

Kasper: Armer Frosch, komm mit, wir zeigen dir einen kleinen See ganz in der Nähe. Der ist bestimmt noch sauber. Da hab' ich vorige Woche noch drin gebadet.

Frosch: In einer Woche kann viel passieren.

Gretel: Weißt du, Kasper, wir werden uns dort mal auf die Lauer legen. Vielleicht erwischen wir den Umweltsünder, so einen richtigen Umweltteufel.

Kasper: Gute Idee, los, wir marschieren zu deinem See; aber leise, daß uns keiner bemerkt.

Frosch: (quakt traurig auf die Melodie: Alle meine Entchen)

Alle unsre Frösche sind nun still,
weil heute keiner mehr fröhlich quaken will.

Alle unsre Freunde liegen steif und stumm,
das große Fischesterben, das geht im Wasser um.

Fangt die bösen Teufel mit ihrem Müll und Dreck, die schlimmen Umweltsünder, die schmeißen alles weg.

Kasper: Pst! Duckt euch, ich hör' ein Knistern im Gesträuch!

Teufel: (kommt mit alten Autoteilen, die er auf der Randleiste aufstellt)

Hexenbesen, Höllenglut,
lauter Müll, oh – das tut gut.
Alte Reifen, Nägel, Dosen,
ölverklebte Arbeitshosen.
Ganz voll Rost die Autotüren,
nichts darf ich davon verlieren.
Dort der See soll sauber sein,
alles schmeiß' ich gleich hinein.

Blauer See, so klar und rein,
eklig gelb wirst du bald sein!
Tot und giftig – das wird fein!

Teufel: (zu den Kindern)

Kinder, ihr verratet mich doch nicht! Ihr seid doch ganz brave Kinder, dann müßt ihr auch ganz leise sein. Sonst verzaubere ich euch alle in eklige Kröten oder schwarze Spinnen!

Kasper: (kommt mit der langen Patsche herangestürzt)

Patsch, patsch, du elender Mistkerl!
Mit deinen alten Autoreifen hau' ich dir gleich den Hintern voll.
Und mit deinen ölverschmierten Seilen werd ich dich fesseln!
Gretel, hol schnell den Schutzmann her!

Kasper fesselt den Teufel)

So – nun wirst du nicht mehr den ganzen Abfall in die Flüsse und Seen kippen. Und dein böses Zauberbuch nehm' ich dir auch weg! Da wirst du nicht mehr deine schlimmen Zaubersprüche fluchen können. Was steht denn hier auf dem Zauberzettel:

(er liest eine Seite aus dem Zauberbuch vor und zerreißt sie)

Schornsteinrauch und Autogase,
das ist gut für Teufels Nase.
Qualm, zieh ein in jedes Haus,
bald ist's mit den Menschen aus.

So – schnell zerreiß ich diesen Teufelsspruch. Ach, da kommt ja auch schon der Polizist. Nimm ihn mit, den bösen Teufelskerl und sperr ihn ein. Der darf nicht mehr unsre schönen Seen und Wälder kaputtmachen!

Polizist: Vorwärts marsch! Im Gefängnis gibt's Wasser und Brot! Da werden dir deine Teufelsgedanken schon aus dem Kopf rausrauchen!

(beide ab)

Kasper: So Gretel, und wir bringen unsern armen Frosch in den sauberen Teich, und dann pflücken wir Holunderbeeren und Brombeeren und Hagebutten. Und zu frischem Brombeerkuchen laden wir euch alle ein, liebe Kinder!

Tschüs – bis zum nächsten Mal.
Auf Wiedersehen! Adieu!

Müllverwertung im Kindergarten

„Wer klopft denn da heute so laut hinten an der Hecke?“ fragt Michael. „Das sind zwei Arbeiter vom Bauamt“, erklärt Frau Müller. „Die zimmern uns ein Gestell für den Komposthaufen.“
„Was ist denn das?“ will Tini wissen. „Oh, mein Opa hat einen im Garten!“ ruft Dennis, „den muß er mehrmals im Jahr umsetzen. Das wird ganz gute Erde. Die bringt er im Herbst in seinen Garten. Er sagt, daß die Rosen und auch seine Küchenkräuter und die anderen Pflanzen davon ganz besonders gut wachsen!“
„Da hast du recht“, meint Frau Müller. „Und ein Komposthaufen sorgt auch dafür, daß die Müllberge etwas kleiner werden, sogar bei uns im Kindergarten. Kommt, wir gehen hinaus und schauen den Arbeitern zu!“
Ein viereckiger Kasten aus Holzlatten mit zwei Kammern ist inzwischen fertig geworden. Zwischen den Latten haben die Arbeiter genug Luft gelassen. Sie bedecken den Boden mit Reisig und kleingeschnittenen Sträuchern.
„Da muß immer genug Luft an die Komposterde heran, sonst fault der Komposthaufen!“ erklären die Arbeiter.
„Und was kommt denn in den Kasten noch hinein?“ fragt Till.
„Zunächst können wir viele Abfälle aus der Küche hineintun“, erklärt Frau Müller. „Obst- und Gemüsereste, Teebeutel und Teereste, Kartoffelschalen, Essensreste (außer Fleisch), Kaffeesatz mit dem Filterpapier, zerkleinertes Zeitungspapier, Eierschalen. Dann können alle Gartenabfälle wie abgemähtes Gras, Laub, kleine Äste hineingeworfen werden. Auch der Mist und die Sägemehlreste von Kleintieren, von Meerschweinchen und Hamstern können verwertet werden.“ „Oh, dann bringe ich morgen gleich das Sägemehl von meinem Hamster Ronni mit!“ ruft Dennis. „Meine Mutter mag das sowieso nicht, wenn unsere Mülltonne davon immer so schnell voll wird.“
„Ab und zu müssen wir etwas Kalk hineinstreuen, damit sich die Stoffe schneller zersetzen. Auch eine Schicht Brennesseln ist sehr geeignet. Und dann haben

wir natürlich noch die vielen Heinzelmännchen im Kompost!"

Da muß Tini lachen. Aber Michael weiß, was Frau Müller meint. „Da laufen viele kleine Tiere rum, wenn man die Komposterde umgräbt." „Ja", sagt Frau Müller, „sie zerbeißen und fressen die Blätter und die vielen verschiedenen Dinge im Komposthaufen. Als Kot kommen sie wieder heraus. Die Regenwürmer, Fadenwürmer, Ameisen, Nacktschnecken, Kellerasseln, Tausendfüßler, Milben, alle helfen, gute Komposterde herzustellen. Und dann sind da noch viele kleine Lebewesen, die Mikroben und Pilze, die machen, daß der Inhalt der Komposterde allmählich vermodert.

Alle zwei Monate müssen wir den Komposthaufen umsetzen, d.h. wir müssen die Komposterde von der einen Kammer in die andere schaufeln. So kommt die oberste Schicht nach unten, damit nichts fault. Der Komposthaufen muß ab und zu etwas Wasser bekommen, denn er darf nicht austrocknen.

Nach etwa einem Jahr ist aus allen diesen Abfällen gute Komposterde geworden, und wir können sie auf den Beeten verteilen.

Die Pflanzen freuen sich auch über die vielen guten Stoffe, die sie aus der Komposterde bekommen und wachsen viel besser."

„Toll!" ruft Michael, „nächstes Jahr bin ich ja noch im Kindergarten. Dann schaufel ich ein bißchen Komposterde um die Rosen herum. Die werden bestimmt toll blühen davon!"

„Vergoldeter" Müll

Ihr braucht: Eine Pappe mit Rahmen (zum Beispiel alter dekorativer Bilderrahmen), eine Dose Goldspray, Klebe, viele einzelne Müllteile, Schrauben, Nägel, Plastikflaschen, Tuben usw.

Nach einer fleißigen „Müllsammelaktion" sucht ihr euch dekorative Müllteile heraus und klebt sie auf der Unterlage fest. Dann übersprüht ihr Rahmen und Collage leicht mit Goldbronze. – Es entsteht ein sehr dekoratives Schmuckbild.

(H. Schauder)

Ihr könnt das Motiv eurer Müllaktion auf einem Spruchband darunter befestigen.

Goldene Zeiten brechen an,
wenn man nirgends mehr
Müllhaufen finden kann!

Soviel schöner Sperrmüll

Text: Barbara Cratzius
Musik: Ludger Edelkötter

Soviel schöner Sperrmüll!
Ich hol' den Schrank mir her.
Da passen sieben Teddys rein,
drei Enten und noch mehr,
drei Enten und noch mehr.

Soviel schöner Sperrmüll!
Hast du den Herd gesehn?
Die eine Platte wird noch heiß,
zum Milchkochen wird's gehn,
zum Milchkochen wird's gehen.

Soviel schöner Sperrmüll!
Da steht ein Suppentopf.
Fünf Teller, Tassen, Kaffeesieb,
ein alter Klingelknopf,
ein alter Klingelknopf.

Soviel schöner Sperrmüll!
Matratzen, ziemlich neu,
ein Bettrahmen, ganz bunt lackiert,
steht auch noch nebenbei,
steht auch noch nebenbei.

Soviel schöner Sperrmüll!
Da steht ein Trampolin!
Da springen wir gleich dreimal hoch
und fallen ganz weich hin,
und fallen ganz weich hin.

Soviel schöner Sperrmüll!
Ein Sparschwein find' ich auch,
da klappert's drin, wer kriegt es auf?
Hat einen Schlitz am Bauch,
hat einen Schlitz am Bauch.

Soviel schöner Sperrmüll!
Der Wecker geht nicht mehr,
doch plötzlich rasselt er wild los,
und da erschreck' ich sehr,
und da erschreck' ich sehr.

Soviel schöner Sperrmüll!
Kartons und viel Papier,
das raschelt so geheimnisvoll,
nein – was find' ich hier,
nein – was find'ich hier?

Soviel schöner Sperrmüll!
Ein Nachttopf ist dabei,
'ne Babyklapper, eingedrückt,
die Schüssel für den Brei,
die Schüssel für den Brei.

Soviel schöner Sperrmüll!
Kartons für'n Fernsehhaus,
ich gucke aus dem Rahmen gleich
als Tagessprecher raus,
als Tagessprecher raus.

Soviel schöner Sperrmüll!
Los – kommt zum Spielen her!
Als Koch, Pirat und Kapitän,
Seeräuber auf dem Meer,
Seeräuber auf dem Meer.

Soviel schöner Sperrmüll!
Für Schiff und Hexenhaus,
für Eisenbahn und Segelschiff,
denkt euch das Schönste aus,
denkt euch das Schönste aus.

Sperrmülltage können für Kindergartenkinder eine Reise ins Abenteuer sein. Wenn sich die Kinder unter Aufsicht ihrer Erzieherin geeignete „Spielsachen" heraussuchen, die nicht umhergeworfen, sondern wirklich zum Spiel im Kindergarten verwendet werden, kann den Kindern wohl erlaubt werden, im Sperrmüll zu stöbern.

Neues Leben am alten Teich

„Und ein Teich ist auch ganz in der Nähe! Mit quakenden Fröschen und Kaulquappen und Stichlingen!“ hatte ich begeistert gerufen, als wir endlich ein Grundstück am Rand des Dorfes gefunden hatten.
Gleich im ersten Jahr zog unser Sohn mit den Nachbarskindern mit Netzen und Käschern Tag für Tag an den kleinen Tümpel. Die Kinder bauten sich einen Steg aus Steinen; sie lagen bäuchlings am Rand des Wassers, umgeben von grünem Entenflott.
Auch ein Floß aus alten Planken wurde gebaut. Begeistert stakten die Kinder hin und her. Das Wasser war grün und modrig, aber so flach, daß auch kleine Kinder ungefährdet dort spielen konnten.
Und dann das Froschkonzert in den Mainächten – die Libellen an den Sommerabenden, das Entenpaar, das spät abends noch seine Runden über den Weidenbüschen zog – das ist lange her!

In den letzten Jahren ist der kleine Teich zu einem Abladeplatz von verrosteten Autoteilen, Fahrradspeichen, alten Eimern und Coladosen geworden. Und an warmen Sommerabenden stinkt es bis auf unsere Terrasse! „Der dreckige Teich sollte zugeschüttet werden!“ hieß es in einem Leserbrief in unserer Dorfzeitung.
So schienen die Tage des verschmutzten Tümpels gezählt zu sein – bis sich die Waldjugend zusammen mit einigen Zivildienstleistenden des Teiches annahm.
Tagelang wurde der Schlick ausgepumpt.
Die jungen Leute standen in hohen Gummistiefeln im Schlamm und beförderten einen ganzen Anhänger voll Wohlstandsmüll aus dem bracken Wasser des Teiches heraus.
Die Weidenbüsche rings um den Teich wurden gestutzt,

beschnitten, ausgeholzt. Kreischend fuhr die Motorsäge in das morsche Holz. Kahl und dunkel standen die Stümpfe vor dem hohen Märzhimmel.
„Die sehen wie abgerupft aus", dachte ich. „Ob die jemals wieder ausschlagen werden?"
Dann ergoß sich aus dicken Schläuchen frisches Wasser in die Teichgrube. Rings um die gesäuberten Teichränder wurden Büsche gepflanzt. Eine kleine Mole aus Steinen wurde tief ins Wasser geführt.

Der Frühling zog ins Land. Als ich an einem kühlen Maimorgen am Teich vorüberging, saß ein Entenpaar auf den Steinen. Und wirklich – ein zaghaftes Froschquaken war zu hören! Das Schönste aber waren die Weidenstümpfe! Frisches Grün schoß daraus empor, leuchtende hellgrüne Zweigbüschel erhoben sich über den dunklen, verwitterten Stämmen!
Der warme Mairegen hatte die frischen Setzlinge am Teich anwachsen lassen.
Ich konnte mich gar nicht sattsehen an dem neuen Leben an „unserem" alten Teich.
„Hoffentlich bleibt er uns so erhalten", dachte ich.
Laut klingelnd näherte sich unser kleiner Nachbarsjunge auf seinem neuen Fahrrad. „Brauchst nicht Angst zu haben, daß wir alles wieder runtertrampeln", meinte er. „Wir spielen sowieso lieber drüben auf dem Abenteuerspielplatz! Das ist viel spannender! Guck mal, die Enten wollen ja vielleicht da drüben im Gebüsch brüten. Und da – die Wasserspinne! Ihr Großen könnt euch ruhig da auf die Bank setzen, wir stören euch nicht", setzte er treuherzig hinzu.
Seitdem mache ich mit meiner schweren Einkaufstasche oft eine kurze Pause an dem wieder lebendig gewordenen Teich. Ich freue mich an den vielen kleinen Wundern, die er für mich bereithält: der blauen Libelle über dem schimmernden Wasserspiegel, dem gelben Schmetterling über den Brennesseln und dem immer üppiger sprießenden Grün der alten Weiden.

Froschträume am trüben Tümpel – Kannst du reimen?

Quik und Quak und quok und quak
unter Weidenbäumen.
Hört doch nur – die ganze Nacht!
Was wohl Frösche … träumen?

Sitzen unten tief im Teich
alles voll Gerümpel,
Schuhe, Büchsen und Matratzen
in dem trüben … Tümpel.

Doch da oben schwimmen sacht
weiße Rosenblätter,
und die fetten Mücken schwirren
tief bei Regen… wetter.

Mücken, Fliegen, summ, summ, summ,
seht die Schwärme heute!
Schwupp di wupp, das gibt ein Fressen,
so viel reiche … Beute.

Vollgefressen bis zum Rand
tauchen sie dann unter
zu den alten Stiefeln, Töpfen
auf den Grund … hinunter.

Träumen, wie das Königskind
einst zum Teich geschritten,
wie ihr dann die goldne Kugel
aus der Hand … geglitten.

Und ein Frosch schwamm schnell empor
mit der goldnen Krone.
„Hör, mein Kind, das wünsch' ich mir,
daß ich bei dir … wohne".

„Wasserpatscher, böser du
mit den grünen Augen.
Du wirst niemals der Prinzessin
zum Gefährten … taugen.

Plitsch und platsch, zurück mit dir,
du machst mich nur nasser!
Laß dich nicht im Schlosse blicken,
bleib im trüben … Wasser!"

Quak – nun sind sie aufgewacht
unter Weidenbäumen.
Zwischen Müll und viel Gerümpel,
aus ist's mit dem … Träumen.
Quak – quak.

Wachse, kleiner Baum

Text: Barbara Cratzius
Musik: Ludger Edelkötter

Recke, streck dich, kleiner Baum!
Schau die Sonne an!
Ohne helles Sonnenlicht
kein Baum wachsen kann!

Treibe Blätter, kleiner Baum,
streck sie aus ganz weit.
Schenke uns ein Blätterdach
in der Sommerzeit!

Treibe Blüten, kleiner Baum,
lock die Bienen her.
Schenk uns süßen Nektarsaft
aus dem Blütenmeer!

Schenk uns Früchte, lieber Baum.
Frucht für Mensch und Tier.
Für ein ganzes reiches Jahr,
Baum, wir danken dir!

Spielanleitung: Die Kinder sitzen auf dem Boden. Sie haben sich zusammengekrümmt, den Kopf zwischen die Knie gelegt, „wie ein Keimling“. (Betrachtung eines Keimlings, zum Beispiel Buche, oder einer Abbildung). So verharren sie in der ersten Strophe. – Bei den nächsten Strophen recken sie sich langsam empor, strecken die Arme aus, bewegen sie leicht, als ob der Sommerwind hindurchfährt. In der letzten Strophe bilden die Hände eine Schale; die Kinder treten langsam zur Mitte zusammen, so daß sich die geöffneten Hände berühren. Dann lassen sie die Arme sinken und gehen im großen Kreis langsam herum, während die letzte Strophe mehrmals gesungen wird.
Das ist auch ein schöner Beitrag für den Abschluß eines Sommerfestes oder eines Erntedankfestes.

Ein Baum wird gefällt

Morgens kommt Michael ganz aufgeregt in den Kindergarten. „Frau Müller, da drüben sind Männer mit einer Riesensäge. Die wollen unsere schöne Kastanie vor dem Kindergarten absägen. Gemein ist das! Sagen Sie den Männern doch, sie dürfen das nicht tun!" „Dann können wir ja gar keine Kastanien mehr sammeln und schöne Männchen draus basteln!" ruft Tini ganz traurig. „Und die Kastanienkerzen sahen immer so hübsch im Frühling aus", sagt Petra traurig. „Und dann haben wir doch immer das schöne Kastanienlied gesungen!" „Los, das singen wir jetzt ganz laut und machen die Fenster auf!" schreit Michael. „Vielleicht lassen die dann unsere Kastanie stehn!"

Lied vom Kastanienbaum

Auf die Melodie: „Weißt du, wieviel Sternlein stehen" ...

Weißt du, wieviel Kerzen brennen
hoch an unserm grünen Baum.
Seht, er breitet weit die Äste,
so viel weißer Blütenflaum.
Blüht und brennet
Kastanienkerzen,
ihr macht froh und hell die Herzen
in der schönen Maienzeit!

Weißt du, wieviel Blätter breiten
sich aus wie eine Hand.
Und wir stehn an unserm Fenster,
freun uns an der grünen Wand.
Treibt und grünet
soviel Blätter,
und bei Sonn- und Regenwetter
freuen wir uns an dem Baum.

1. Strophe wiederholen

Aber draußen heult weiter die Motorsäge. „Der Baum ist krank geworden", sagt Frau Müller traurig. „Er muß abgesägt werden, denn es könnten Äste abbrechen und die Menschen verletzen."

„Wieso ist er denn krank?" fragt Dennis ganz erstaunt.
„Es fahren täglich so viele Autos mit ihren Abgasen vorbei. Sie verpesten die Luft. Die Blätter werden braun, wenn sie diese Gifte einatmen.
In der Luft sind auch viele Schadstoffe aus unseren Schornsteinen und von der Müllverbrennung. Wenn es regnet, fließen sie mit dem Wasser in die Erde. Die Wurzeln nehmen diese schädlichen Stoffe auf und vergiften sie allmählich. Dadurch können sie nicht mehr genug Nährstoffe an den Stamm und an die Blätter weiterleiten. Der Baum wird krank und kann sich auch nicht mehr genug gegen Schädlinge, zum Beispiel gegen den Borkenkäfer wehren."
Ganz traurig stehen die Kinder am Fenster und sehen, wie die kreischende Motorsäge einen Ast nach dem anderen absägt.
Ein Mann ist an dem Baum hochgeklettert und sägt Stück für Stück den Stamm ab.
„Sonst stürzt ja der ganze Baum auf einmal runter und zerschlägt noch das Dach unseres Kindergartens", meint Michael.
Gegen Mittag steht nur noch der Baumstumpf da. Die Kinder sind hinausgelaufen.
„Guck mal, Frau Müller, so viele Ringe sind da zu sehen!" ruft Michael. „Mein Vati hat gesagt, daran kann man abzählen, wie alt der Baum geworden ist", sagt Dennis.
„Der eine Arbeiter hat mir's erzählt", sagt Frau Müller, „40 Jahre alt ist der Baum gewesen."
„Fast so alt wie mein Oma", sagt Tini staunend.
„Ja, Kinder, und damit wir in 40 Jahren auch noch so schöne starke Bäume haben, darum wollen wir morgen im Kindergarten einen neuen kleinen Baum pflanzen! Und aus der Kastanie vom vorigen Jahr wollen wir auch versuchen, Bäume zu ziehen! Morgen geht's los!"
„Hurra!" rufen die Kinder, „morgen ist Pflanztag im Kindergarten!"

Wir pflanzen einen Baum

Heute hat Frau Müller eine kleine Birke mit in den Kindergarten gebracht. Um die Wurzelballen ist ein Sack mit Erde geschnürt.
„Wo haben Sie denn die ausgegraben?" fragt Tini.
„Die habe ich mir in der Baumschule ausgesucht", sagt Frau Müller. „Da stehen viele kleine Bäume nebeneinander, aufgereiht wie Schulkinder auf den Schulbänken. Sie werden dort gepflanzt, damit sie größer werden und verkauft werden können. Diese Birke hab' ich mir ausgesucht. Gefällt sie euch?"
Die Kinder stehen prüfend um den kleinen Baum herum. „Die Äste sind ganz schön gleichmäßig gewachsen", meint Michael. „Wenn wir uns einen Tannenbaum kaufen, gucken wir uns auch immer ganz genau an, ob die Äste schön gleichmäßig aussehen."
„Aber ob der Wind die Birke nicht bald umwehen wird?" fragt Dennis zweifelnd.
„Dazu habe ich hier gleich einen Stützpfosten mitgebracht", sagt Frau Müller. „Seht mal, der hat eine Spitze wie ein angespitzter Bleistift. Den werden wir zuerst einsetzen."
Hinten an der Hecke haben die Arbeiter schon ein großes Loch ausgeschachtet.
„Können wir die Birke nicht ganz dicht vor unserem Fenster pflanzen?" fragt Till. „Dann können wir sie doch besser beobachten."
„Die Birke braucht sehr viel Wasser", sagt Frau Müller. „Sie hat weitreichende flache Wurzeln. Unser Rasen vor dem Haus würde ganz gelb werden, so viel Wasser würde sie ihm wegnehmen. Und sie würde auch sehr viel Schatten auf unser Haus werfen. Dann müßten wir sie in ein paar Jahren ja schon wieder fällen!"
„Kommt nicht in Frage!" ruft Michael energisch. „Die Birke soll ganz lang und hoch wachsen! Wenn ich mal groß bin, will ich sagen: Diese hohe Birke habe ich mitgepflanzt!"

Sophie Scholl, die von den Nazis hingerichtete Widerstandskämpferin im Dritten Reich, die Biologie studierte, schrieb in ihrem Tagebuch über einen Apfelbaum: „Ich drücke mein Gesicht an seine dunkle warme Rinde und spüre Heimat" – und ich bin so unglaublich dankbar in diesem Augenblick."
Heimat – das sind Bäume, Hecken, Wiesen, Wälder und Seen mit ihrem Reichtum an großen und kleinen Tieren. Diese Heimat zu schützen und zu pflegen, den Reichtum der Tiere und Pflanzen für uns und unsere Kinder zu erhalten, sollte eine große gemeinsame Aufgabe sein.
Schon im Kindergartenalter können wir unseren Kindern bewußt machen, wie wichtig es ist, unsere Umwelt zu schützen.
Oder soll es so weit kommen, daß wir unsern Kindern die Märchen vom Froschkönig, von der Bienenkönigin, vom großen Butt und den wilden Schwänen erzählen und die Kinder diese Tiere nur noch aus Büchern kennen?

„Nun wollen wir den Boden mit der Hacke noch mal schön auflockern“, sagt Frau Müller. „Die Wurzeln mögen lockere Erde, da kann die Luft schön eindringen.“
„Igitt, ein Regenwurm!“ schreit Petra plötzlich auf.
„Wirf bloß den Wurm nicht weg“, sagt Frau Müller, „der macht die Erde so schön locker! Wir können uns gar nicht genug Regenwürmer wünschen! – So nun bohren wir den Stützpfahl ein, er muß ein Stückchen tiefer sitzen als das Loch im Boden tief ist.“
„Till, hol bitte eine Gießkanne mit Wasser, wir müssen den Boden erst ordentlich durchnässen!“
Nun dürfen Tini und Michael den Baum festhalten. Sie werfen vorsichtig von allen Seiten Erde auf die Wurzeln, daß der Wurzelstock gut bedeckt ist.
Nun darf Dennis die Erde mit dem Fuß festtreten. Dann werfen die Kinder wieder etwas Erde drauf, bis das ganze Loch bedeckt ist.
Jedes Kind darf Erde werfen und festtreten.
Am Schluß haben alle schmutzige Hände, aber das macht nichts.
Ganz gerade reckt sich die kleine Birke in die Höhe.
„Jetzt müssen wir noch ein bißchen von dem abgemähten Gras drüberstreuen!“ ruft Tini. „Das macht mein Opa im Garten auch immer. Dann trocknen die Pflanzen nicht so schnell aus, und das Gras ist wie guter Dünger!“
„Das ist eine tolle Idee“, sagt Frau Müller. „Und angießen wollen wir die kleine Birke auch noch!“
„Wenn wir hier Schafe oder Rehe hätten, müßten wir einen Maschenzaun drummachen“, ruft Michael. „Aber bei uns gibt’s höchstens mal eine kleine Maus!“
„Wir könnten der Birke ein Baumlied vorsingen“, meint Tini. „O ja, davon soll sie tüchtig wachsen!“ sagt Frau Müller lachend. „Allerdings locken die Birken ja keine Bienen an, das tun die Apfel- und Kirschblüten. Aber wir wollen das Lied trotzdem singen!“ (Wachse, kleiner Baum, siehe Seite 107).

Igitt – ein Regenwurm

Heute spielen Till und Michael in der Sandkiste. Sie haben einen Tunnel gebaut und lassen ihre Autos durchfahren.

Plötzlich guckt Michael hoch: „Guck mal, da die Amsel dort drüben auf dem Rasen! Ich glaub', die hört das Gras wachsen! Das sagt mein Opa immer!"

Die Amsel hat den Kopf schief gelegt, als ob sie auf etwas in der Erde lauscht. Dann pickt sie auf einmal zu, und ein fetter Regenwurm zappelt in ihrem Schnabel.

Die Jungen müssen so laut lachen, daß sie erschreckt hochflattert. Dabei verliert sie den Regenwurm aus dem Schnabel.

„Du, ich glaub', der Regenwurm ist tot. So von oben runterfallen, das hält ja keiner im Kopf aus", meint Michael.

Die beiden Jungen laufen auf den Rasen. „Der zappelt ja noch!" schreit Dennis.

Nun sind auch noch Frau Müller und die anderen Kinder dazugekommen. „Igitt, wie eklig!" ruft Petra. „Find' ich gar nicht", sagt Michael. „Mein Opa freut sich über jeden Regenwurm im Garten!"

„Das ist richtig", sagt Frau Müller, „die Regenwürmer sind unsere wichtigsten Gartenarbeiter. Sie graben Gänge und lockern die Erde auf. Der Regenwurm ist dauernd damit beschäftigt, in der Erde hoch und runter, hin und her zu kriechen. Er holt einen Stengel oder ein Blatt, rollt es zusammen und kriecht damit wieder in die Erde zurück. Nun frißt er das Blatt auf. Dann kriecht er wieder an die Oberfläche und legt dort seinen Kot ab."

„Ach, das sind ja all die niedlichen Häufchen hier!" ruft Dennis. „Ja", sagt Frau Müller, „das ist ganz gute Erde, so gute wie von unserem Komposthaufen. Der Regenwurm kann viele Jahre alt werden. Er kann sogar weiterleben, wenn ihm die Amsel den

Kopf oder den Schwanz abbeißt. Das wächst wieder nach."
Jetzt weiß Michael noch etwas. „Mein Opa hat eine richtige Regenwurmfabrik!"
Da müssen die Kinder alle lachen. „Ja, das stimmt! Er hat eine große Holzkiste im Garten. Da hat er Ziegelsteine reingelegt, damit von unten keine Maulwürfe rankommen. Die Kiste hat er in die Erde eingegraben. Dann hat er Erde und Küchenabfälle reingetan und ein paar Regenwürmer. Oben drauf hat er eine Folie gelegt, damit die Amseln nicht alle Regenwürmer rauspicken. Die haben inzwischen ganz viele Kinder bekommen. Ab und zu setzt er die Regenwürmer in den Garten, besonders unter seine Rosen, damit sie dort die Erde locker machen. Den Rosen gefällt das gut, sie blühen ganz toll. Manchmal schenkt er dem Nachbarn auch welche, der gibt ihm dafür frische Hühnereier!" „Tausche Regenwurm gegen Hühnerei", schreit Tini, und alle müssen lachen!

Der liebe Gott weiß,
wie man
fruchtbare Erde macht.
Er hat sein Geheimnis
den Regenwürmern
anvertraut.

(Französische
Bauernweisheit)

Kapitel 6: Laßt uns Gottes Schöpfung preisen und bewahren!

Wie ein Baum, gepflanzt an Wasserbächen

116 Laßt uns Gottes Schöpfung preisen und bewahren VORBEMERKUNG
118 Morgenlied LIED
120 Wie die Blumen wieder auf die Erde kamen MÄRCHEN
123 Das bunte Blumenfest SPIELLIED
124 Eine gold'ne Straße LIED
125 Blumenlied zum Schöpfungsmärchen LIED
126 Ich sitze an der Quelle LIED
127 Blumen unter der Sommersonne BASTELVORSCHLÄGE
Fröhliche Sommersonne
Sonne und Regen

Laßt uns Gottes Schöpfung preisen und bewahren

Vorbemerkung: Zu diesem Thema habe ich in meinem Buch: „Sommer im Kindergarten“ (Verlag Herder), viele Impulse gegeben. Im folgenden möchte ich ein Schöpfungsmärchen aus dem australischen Kulturkreis vorstellen, das uns die Bedrohung unserer Welt und die Notwendigkeit des Schutzes unter einem anderen Aspekt darstellt. Dazu gebe ich viele Anregungen zur kreativen Umsetzung.

Dieses „Märchen von den verschwundenen Blumen“ (siehe Seite 120ff.) ist uralt und doch so gegenwärtig, als sei es für uns und die Bedrohung unserer Erde in unseren Tagen geschrieben. Die Kinder im heutigen Australien und im benachbarten Neuseeland dürfen bei starker Sonneneinstrahlung nicht mehr draußen spielen – sie sind bedroht durch die Auswirkung des Ozonlochs –. Und die Kinder hier in unseren Breiten? – Kennen unsere Kinder inmitten der zubetonierten Erde in den Großstädten noch die „Blumen auf dem Felde“, den leuchtenden Mohn und das tiefe Blau der Kornblume, den Sommerduft der Kamille, die weißen schwankenden Kronen des Wiesenschaumkrauts an den Wegrändern?

Aber Gott sah, daß die Menschen die Bäume mit Liebe pflegten, heißt es in dem Märchen. – In den heißen Sommertagen beobachtete ich, wie mitten in der Stadt die Kinder einer Schulklasse die jungen Bäume, deren Blätter durch die Trockenheit gelb geworden waren, wässerten.

Sorgsam trugen sie Kanne für Kanne nach draußen und pflegten „ihre Bäume“. Wir können die schönen grünen Wiesen mit Hahnenfuß, roten Lichtnelken und blauen Glockenblumen, die wir staunend während der Urlaubstage durchschreiten, nicht mitnehmen in das Verkehrsgewühl unserer Städte. Aber wir können unseren Kindern sagen: „Schaut mal – der Löwenzahn mit seinen gezackten Blättern und den kleinen gelben Sonnen drauf! Und hier – die Brennesselstauden hinter der Hecke! Nein, das ist kein Unkraut! Die Raupen knabbern daran, und aus den Raupen werden eines Tages die schönen Schmetterlinge.“

Bei unseren Ausflügen wollen wir nicht Strauß für Strauß von den Himmelsschlüsselchen und den Glockenblumen pflücken. Aber wir können die Farben und den Duft der Blumen, den Klang der Vogelstimmen doch mit in unsere Herzen und Sinne nehmen. – Was wir genau kennen, betrachten, betasten, können wir auch lieben lernen. *„Kennen“* heißt in der französischen Sprache con-naitre, d.h. zu sehen, zu staunen, dabei zu sein, wenn etwas wächst und sich entwickelt.

Mit unseren Kindern gemeinsam wollen wir uns an den Blüten und Gräsern aus dem grünenden Garten, den Gott für uns geschaffen hat, erfreuen. Wir wollen von ihrer Schönheit singen und erzählen. Wir wollen ihre Vielfalt darstellen, indem wir tanzen, malen und basteln. Anregungen dazu finden Sie in diesem Buch und in meinen Büchern im Verlag Herder (Frühling, Sommer, Herbst im Kindergarten, ein ganzes Jahr und noch viel mehr).

Eine alte Legende erzählt, daß uns drei Dinge aus dem Paradies geblieben sind: Kinderaugen, Blumen und Steine. Es ist auch in unsere Hand gelegt, daß wir dieses liebevolle Geschenk Gottes pflegen und bewahren.

Steine, Früchte, Blätter,
der Ast vom hohen Baum.
Sie sprechen leise, hör nur zu,
vielleicht nicht nur im Traum.

Alles ist lebendig,
rings in Wald und Flur.
So öffne Herz und Ohren,
du findest Gottes Spur.

Welch ein Glück, daß es die einfachen Dinge immer noch gibt, immer noch Felder und rauschende Bäche und den Mond am Himmel, so hoch aufgehängt, daß ihn niemand dem Nachbar zum Trotz herunterschießen kann. *Karl Heinr. Waggerl*

Die wahre Lebensweisheit besteht darin, im Alltäglichen das Wunderbare zu sehen. *Pearl S. Buck*

Sonjuscha, wissen Sie, wo ich bin, wo ich Ihnen diesen Brief schreibe? Ich habe mir ein kleines Tischchen herausgeschleppt und sitze nun versteckt zwischen grünen Sträuchern. Rechts von mir die gelbe Zierjohannisbeere, die nach Gewürznelken duftet, links ein Ligusterstrauch ... und vor mir rauscht langsam mit ihren weißen Blättern die große, ernste und müde Silberpappel ... In der Gefängniskirche ist Gottesdienst; dumpfes Orgelspiel dringt undeutlich heraus, gedeckt vom Rauschen der Bäume und dem hellen Chor der Vögel ... Wie ist es schön, wie bin ich glücklich, man spürt schon beinahe die Johannisstimmung – die volle, üppige Reife des Sommers und den Lebensrausch. *Rosa Luxemburg*
in einem Brief aus dem Gefängnis

Tu wie der weiseste Lehrer,
der die Wasser sprudeln und die Erde sprossen ließ.
Sei Sonne durch deine Lehre,
sei Mond durch deine Anpassungsfähigkeit,
sei Wind durch deine straffe Führung,
sei Luft durch deine Milde,
sei Feuer durch die schöne Rede deiner
Unterweisung.
All das beginne im schimmernden Frührot
und vollende es im funkelnden Licht.
Halte aus, und du wirst ewig leben.
Hildegard von Bingen

Morgenlied

Text: Barbara Cratzius
Musik: Ludger Edelkötter

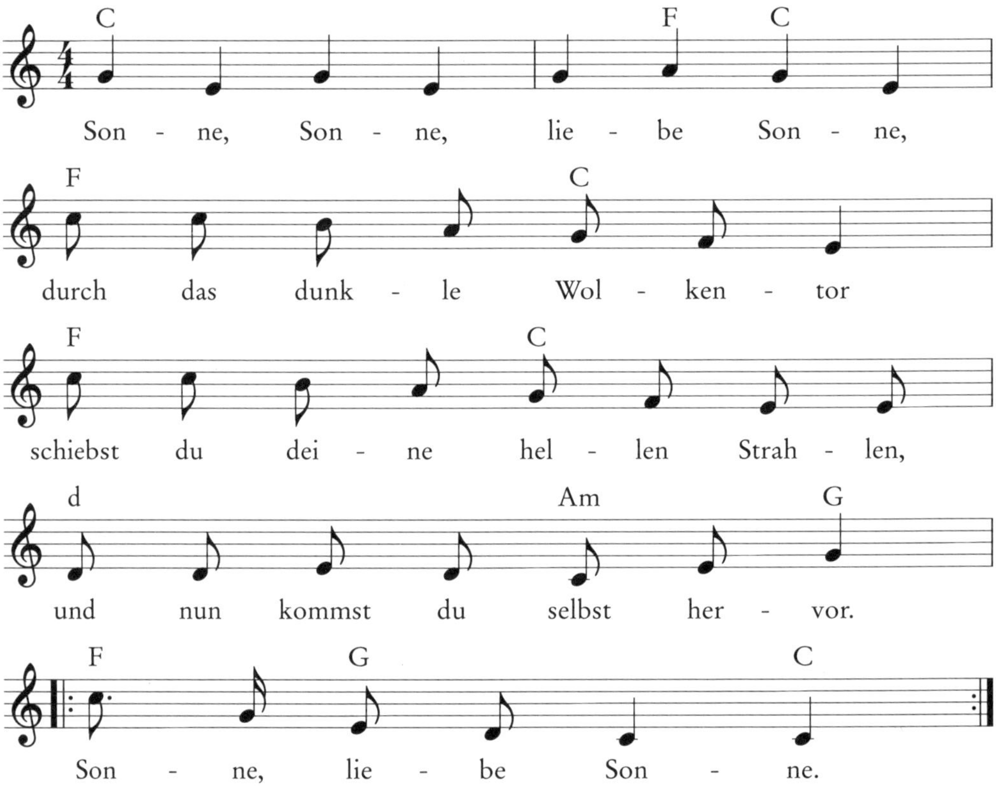

2. Unsre schnellen kleinen Schwälbchen
segeln längst schon übers Haus,
und im Gras die Glockenblumen
strecken ihre Kelche aus.
Sonne, liebe Sonne.

3. Auf dem Kirschbaum singt die Amsel
nach der langen dunklen Nacht,
hat mit ihrem hellen Flöten
auch die Meisen wachgemacht.
Sonne, liebe Sonne.

4. In den Büschen summen Bienen,
Mücken tanzen Karussell.
Nun mag ich nicht länger schlafen,
ich spring' aus dem Bett ganz schnell.
Sonne, liebe Sonne.

5. Und ich reck' und streck' die Glieder.
Lieber Gott, dein Tag beginnt.
Alle wollen wir dir danken,
daß wir deine Kinder sind.
Lieber Gott, wir danken.

Wie die Blumen wieder auf die Erde kamen

frei erzählt nach einem australischen Märchen

Vor vielen, vielen Jahren lebten die Menschen glücklich und zufrieden auf der Erde. Sie halfen einander beim Kampf gegen die wilden Tiere und giftigen Schlangen. Die Sonne schenkte den Blumen und Pflanzen ihre Kraft, und der Regen feuchtete sie an, daß alles prächtig gedieh. Gott selber wohnte nahe bei den Menschen.
Doch das blieb nicht immer so. Die Menschen wurden neidisch und mißtrauisch. Sie richteten ihre Pfeile und Speere gegeneinander. Jeder dachte nur an sich selbst.
Da zürnte Gott den Menschen und entfernte sich von ihnen. Er zog sich auf einen hohen Berg zurück. Als der Herr die Erde verlassen hatte, folgten ihm die Vögel. Weit und breit wurde es still über dem Land. Ekliges Gewürm, Ameisen und schwarze Käfer krochen auf den Wegen herum. Nach und nach verschwanden auch die Blumen mit ihrem Duft und ihren Farben. Das Gesumm der fleißigen Bienen verstummte. Öde und leer wurde es auf der Erde und in den Herzen der Menschen.
Als die Frauen für ihre Kinder Honig holen wollten, erschraken sie. Die Bienenstöcke waren leer. Nur drei Bäume grünten inmitten der krustigen verbrannten Erde. Sie trugen goldene Früchte. Hierher waren auch die Bienen geflogen. Gott hatte die Bäume weiter grünen und die Früchte reifen lassen. Er wollte die Menschen prüfen. Als die Frauen die Früchte für ihre Kinder pflücken sollten, verwehrten die Männer es ihnen. „Gott hat uns zu Recht bestraft. Wir waren es nicht wert, auf seiner schönen Erde zu leben. Nun wollen wir diese drei Bäume, ein Zeichen von Gottes Gnade, nicht anrühren!" sagten sie.

Gott sah, daß die Menschen die Bäume mit Liebe

pflegten. Da schenkte er ihnen riesige Bäume, die sie noch nie gesehen hatten. Aus dem Saft dieser Eukalyptusbäume bereiteten die Mütter ihren Kindern eine süße Speise.

Aber den Menschen fehlten die fröhlichen Stimmen der Vögel und die vielfarbige Pracht der Blumen. Da machten sich die Männer auf und zogen hinauf auf den Berg Gottes. Hunger und Durst quälten sie, aber sie ließen sich nicht von ihrem Ziel abbringen.

Viele Tage kletterten sie mühsam den Berg empor. Sie schritten durch das graue Meer der Wolken, hoch und höher hinauf. Als sie die Wolken unter sich liegen sahen, erblickten sie eine Quelle mit klarem Wasser. Sie tranken davon und spürten, daß ihre Kräfte zurückkehrten. Höher und höher stiegen sie, bis sie an einen Kreis kamen, gebildet von Felsbrocken. Da hörten sie eine gewaltige Stimme: „Ihr seid auf meine Hand getreten. Was begehrt ihr noch? Ich habe euch doch die hohen Bäume geschenkt!"

Da warfen sich die Männer anbetend zu Boden. Nach einer Weile sagte einer der Ältesten: „Herr, wir danken dir für die Bäume! Aber uns fehlen die Blumen! Sie haben die Erde lebendig und froh gemacht. Sie haben uns Tanzen und Lachen geschenkt!"

„Was wollt ihr mit den Blumen?" fragte Gott. „Sie schenken euch weder Beeren noch Früchte!" Da sagte der Älteste, indem er sich tief verneigte: „Herr, als die Blumen uns verließen, da war unsere Erde öd und leer. Wir haben aufgehört, Bilder in die Wände zu meißeln. Wir haben Pfeile und Lanzen und Geräte nicht mehr verziert. Unsere Herzen und Lippen und Hände sind stumm geworden."

Da sprach Gott: „Ich kann euch verstehen! Geht und nehmt die Blumen mit euch auf die Erde!"

Weit schoben sich die Wolken auseinander, und als die Männer nach oben schauten, erblickten sie eine Treppe. Sie stiegen höher und höher und kamen auf eine Wiese voll Blumen mit unzähligen

Farben und Formen. Von jeder Art gruben sie eine Pflanze aus.
Gott sprach: „Pflanzt die Blumen auf der Erde ein! Ich schicke euch den Ostwind, daß er euch Regen bringt! Gesang und Tanz und Singen und Lachen werden zurückkehren. Ihr werdet in die Wände eurer Höhlen wieder Bilder meißeln und Werkzeuge verzieren wie ehedem."
So geschah es, daß die Erde bald wieder ein grünender Garten wurde, über dem die Vögel sangen und die Bienen summten.
Vom hohen Berg herab schaut Gott Jahr für Jahr auf die Erde hinunter. Er sinnt darüber nach, ob die Menschen Frieden halten und mit Blumen und Pflanzen liebevoll umgehen.
Werden wir uns noch lange freuen können an der Pracht der Blumen und dem Gesang der Vögel?
Es liegt auch in unseren Händen!

Das Spiellied für ein „buntes Blumenfest" (siehe Seite 123) kann im Anschluß an das Märchen gespielt und gesungen werden ebenfalls das Blumenlied zum Schöpfungsmärchen" (siehe Seite 125).

Vielfältige Vorschläge zum Basteln und Malen von Blumen finden sich in meinen Büchern: „Frühling im Kindergarten", und: „Uns gefällt die Frühlingszeit" (Verlag Herder), und in dem „Oster-Bastelbuch" (Christophorus-Verlag).

Ihr braucht: Tonpapier in verschiedener Farbe, Schere, Klebe, Bleistift, Strohhalme

Ihr schneidet aus dem Tonpapier Quadrate (15 x 15 cm) zurecht, faltet sie dreimal und schneidet phantasievolle Formen hinein (zum Beispiel Herzform, den Rand auszacken).
Nun faltet ihr die „Deckchen" zweimal und klebt jeweils eine Seite mit einem andersfarbigen „Deckchen" zusammen. Eine hübsche Kombination wäre: Zwei rote Deckchen, zwei blaue Deckchen, abwechselnd aneinandergeklebt. An die Außenseite klebt ihr zwei Strohhalme.
Nun könnt ihr eure „Blume" auseinanderfalten.

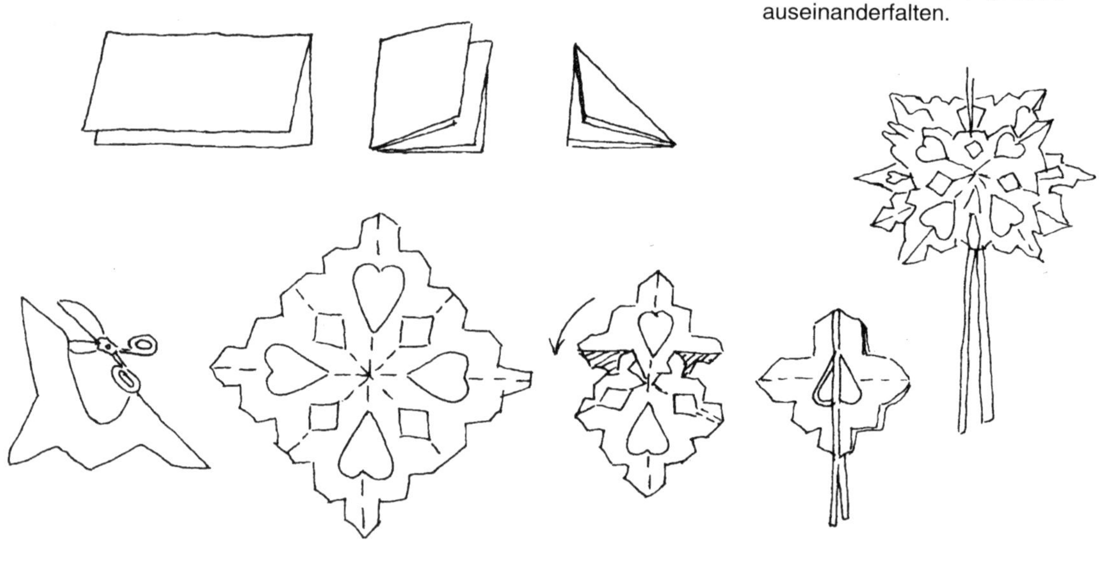

Das bunte Blumenfest

Auf die Melodie:
Ein Vogel wollte Hochzeit machen ... zu singen

Zum Blumenfest kommt all herbei,
ihr Nelken, Krokus, Akelei.
Fiderallala ...

Lavendel und der Löwenzahn,
die stellen sich als erste an,
Fiderallala ...

Die Margueriten, Rittersporn,
die drängeln sich auch mit nach vorn.
Fiderallala ...

Das Veilchen, das Vergißmeinnicht,
so zart und schön ist ihr Gesicht.
Fiderallala ...

Die Rosenblätter leuchten weit,
die Tulpe zeigt ihr schönstes Kleid.
Fiderallala ...

So feuerrot der Mohn erstrahlt,
der Klee ist auch rot angemalt.
Fiderallala ...

Dem Fingerhut, dem Fingerhut,
dem stehn die Hütchen gar so gut.
Fiderallala ...

Die Kresse ist so schön geschmückt,
habt ihr die Dahlien schon erblickt?
Fiderallala ...

(hier können auch andere Blumennamen eingesetzt werden, je nachdem, wie die Blumenkinder geschmückt sind)

Ihr Margueriten kommt zum Kreis,
ihr Malven und du Edelweiß.
Fiderallala ...

Die Sonnenblume groß und schön,
die könnt ihr schon von weitem sehn.
Fiderallala ...

Wenn alle nun beisammen sind,
der große Blumentanz beginnt.
Fiderallala ...

Während das Spiellied gesungen wird, kommen die Blumenkinder von allen Seiten herbeigetrippelt und stellen sich paarweise auf.
Dann kann eine fröhliche Tanzmusik von einer Kassette eingespielt werden. Zu Anfang ziehen die Blumenkinder paarweise zu einer großen Polonaise durch den Raum auf die Wiese hinaus. Dann tanzen sie im Kreis ein paarmal herum. Auf ein Klangsymbol hin bleiben sie stehen, fassen sich an, ziehen zur Mitte, neigen ihre Blumenkelche, wenden sich herum und schreiten wieder auf die Kreislinie zurück.
Wenn die Blumenkinder sich müde getanzt haben, setzen sie sich hin und ruhen sich aus. Sie legen die Arme übereinander, als ob sich die Blütenkelche schließen wollen.
Auf ein Klangsignal hin öffnen sich wieder die Blütenkelche. Die Blumenkinder stehen langsam auf, und der Tanz kann von neuem beginnen. Paarweise können die Blumenkinder auch im Seitgalopp tanzen, während andere Blumenkinder das Spalier bilden. Jeweils zwei Blumenkinder können auch in Kreuzhandfassung (Mühle) herumwirbeln.

Eine gold'ne Straße

Text: Barbara Cratzius
Musik: Ludger Edelkötter

2. Gold'ne Sonnenstraße
hell und schön erdacht.
Voll glitzernder Sterne,
dich hat Gott gemacht.
Voll glitzernder Sterne,
dich hat Gott gemacht.

3. Himmel, Luft und Sonne,
Meer und weites Land,
dies schuf schon vor Zeiten
Gott mit seiner Hand.
Dies schuf schon vor Zeiten
Gott mit seiner Hand.

4. Herr, du bist der Schöpfer
hast auch mich erdacht
hast auch deine Werke
wunderbar gemacht.
Hast auch deine Werke
wunderbar gemacht.

Blumenlied zum Schöpfungsmärchen

Nach der Melodie: „Himmelsau, licht und blau ...“ zu singen.
Vgl. Vorbemerkungen Seite 116und das Märchen Seite 120.

Himmelsau, licht und blau,
wieviel zählst du Blümlein.
Ohne Zahl, soviel mal
sei gelobt der große Gott.

Rosmarien, Thymian,
Klee und goldner Löwenzahn.
Ohne Zahl, soviel mal
sei gelobt der große Gott.

Glockenblume, Hahnenfuß,
Mohn, du schickst uns einen Gruß.
Ohne Zahl ...

Lilie, Tulpe, Ehrenpreis,
Rose rot und Flieder weiß.
Ohne Zahl ...

Der Lavendel, Akelei,
Kornblumen sind auch dabei.
Ohne Zahl ...

Seht den rosa Blütentraum,
welch ein Duft, du Apfelbaum.
Ohne Zahl ...

Bienen summen her und hin
um den Rotdorn und Jasmin.
Ohne Zahl ...

Heckenrose, welch ein Duft
in der warmen Sommerluft.
Ohne Zahl ...

Ohne Ende ist das Blühn,
dankt dem Herrn und lobet ihn.
Ohne Zahl ...

Ich sitze an der Quelle

Text: Barbara Cratzius
Musik: Ludger Edelkötter

2. Die Heckenrosen duften,
   der Sauerampfer blüht,
   dort oben hoch am Berge
   ein Adler Kreise zieht,
   ein Adler Kreise zieht.

3. Ein flinker kleiner Käfer
   kriecht über meine Hand,
   und durch die Zehen rieselt
   der warme weiße Sand,
   der warme weiße Sand.

4. Die Welt ist voller Wunder,
ich spür' es mehr und mehr,
und war doch einst vor Zeiten
ganz finster, wüst und leer,
ganz finster, wüst und leer.

5. Weil Gott uns Menschen liebhat,
hat er die Welt erdacht
und schenkte seinen Kindern
den Tag und auch die Nacht,
den Tag und auch die Nacht.

6. Er sprach sein Wort: „Es werde!"
Da schuf er Land und Flut,
die Täler und die Berge
und siehe: Es war gut,
und siehe: Es war gut.

7. Den Adler hoch am Berge,
den kleinen Käfer hier,
die bunten Schmetterlinge,
die schenkt er dir und mir,
die schenkt er dir und mir.

8. Er hat auch mich erschaffen,
gab Lachen mir und Schmerz,
er lenkt mir die Gedanken,
schenkt Sinne mir und Herz,
schenkt Sinne mir und Herz.

9. Ist alles seine Schöpfung,
und ich bin mittendrin.
Du lieber Gott, ich danke,
daß ich auf Erden bin,
daß ich auf Erden bin.

10. Hilf uns, die Erde hüten,
die Ströme, Luft und Sand.
Die Pflanzen, Tiere, Menschen,
Herr, lenk du meine Hand,
Herr, lenk du meine Hand.

Blumen unter der Sommersonne

Fröhliche Sommersonne

Ihr braucht: Ton (oder Fimo, Tonal oder eine andere plastische Masse), Küchenrolle, Bleistift, Nagel.

Ihr rollt aus Ton eine flache Platte (ca. 1/2 cm dick) aus. Mit einer Konservendose drückt ihr das runde „Sonnengesicht" leicht ein. Nun schneidet ihr die Sonnenstrahlen mit dem Messer aus. Am Schluß wird der fröhliche Mund kreisförmig ausgeschnitten. Die Augen werden mit einem Bleistift eingestochen. Zum Aufhängen bohrt ihr mit einem Nagel ein kleines Loch in den obersten Sonnenzacken.
Nach dem Trocknen oder Brennen zieht ihr einen Faden zum Aufhängen durch das Loch.

(*H. Schauder*)

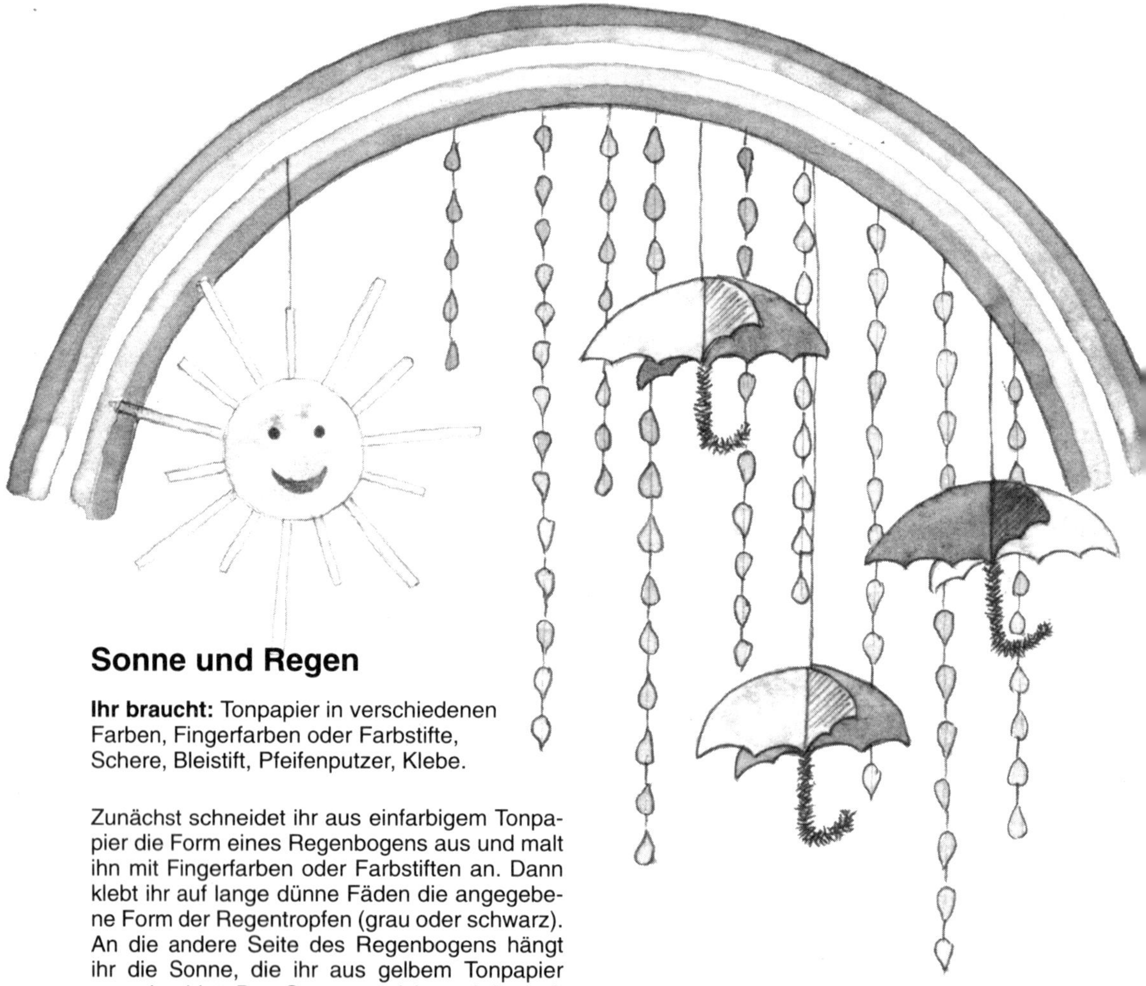

Sonne und Regen

Ihr braucht: Tonpapier in verschiedenen Farben, Fingerfarben oder Farbstifte, Schere, Bleistift, Pfeifenputzer, Klebe.

Zunächst schneidet ihr aus einfarbigem Tonpapier die Form eines Regenbogens aus und malt ihn mit Fingerfarben oder Farbstiften an. Dann klebt ihr auf lange dünne Fäden die angegebene Form der Regentropfen (grau oder schwarz). An die andere Seite des Regenbogens hängt ihr die Sonne, die ihr aus gelbem Tonpapier ausschneidet. Das Sonnengesicht malt ihr auf. Dazwischen hängt ihr bunte Regenschirme. Dafür schneidet ihr vier Regenschirmformen aus, legt einen Pfeifenputzer als Halter dazwischen und klebt jeweils zwei Seiten zusammen, so daß ihr die Regenschirme aufklappen könnt.

(*Schwester I. Madl*, Kindergarten Maria Ward, Pfarrkirchen)